W0184378

MANFRED BÖCKL

Prophezeiungen für das neue Jahrtausend

Hildegard von Bingen

MANFRED BÖCKL

Prophezeiungen

für das neue Jahrtausend

Hildegard von Bingen

BLICK IN DIE ZUKUNFT

SüdOst Verlag

Für meine Lieblingsbuchhändlerin
Hedy Kunze

© SüdOst Verlag GmbH, Waldkirchen 1999
Alle Rechte der Verbreitung, auch durch Fernsehen, Funk und Film, fotomechanische Wiedergabe, Daten-, Bild- und Tonträger jeder Art, sowie auszugsweiser Nachdruck vorbehalten.
Gestaltung: Kontraste, Krauß/Meggendorfer GbR, München
Umschlagkonzept: Sigrid Meggendorfer, Kontraste, München
Lektorat und Satz: Beate Schnorfeil
1 2 3 4 5 03 02 01 00 99
Auflage Jahr
ISBN 3-89682-046-X

INHALT

SANCTA
HIL
DE
GAR
DIS

FEUERSÄULEN BERSTEN AUS DER ERDE, UND DIE OZEANE TRETEN ÜBER IHRE UFER

Die Wende vom zweiten zum dritten Millennium ist Geschichte; die Menschheit befindet sich im dritten Jahrtausend christlicher Zeitrechnung. Im 21. Jahrhundert, das im Zeichen „grauer“ tyrannischer „Wölfe“ stand, die in der westlichen Hemisphäre herrschten und „viel Raub an Macht und anderen Vorteilen“ an sich brachten, bereitete sich der globale Zusammenbruch vor. Jetzt, im 22. Jahrhundert, bäumt sich die Erde in einem unvorstellbaren „Harmageddon“ gegen ihre Peiniger auf:

> *„In dieser Endzeit werden die Elemente durch eine plötzliche und völlig unerwartete Katastrophe entfesselt. Die gesamte Menschheit gerät in unvorstellbare Panik. Feuersäulen bersten aus der Erde, die Atemluft verflüchtigt sich; die Ozeane und Ströme treten über ihre Ufer. Der Erdball wird von schrecklichen Beben erschüttert; Blitzstrahlen zucken, Donnerschläge krachen. Berge werden wie von Schwerthieben gespalten, weite Wälder brechen zusammen. Alle sterblichen Wesen, egal ob in der Luft, im Wasser oder auf dem Boden, verlieren ihr Leben. Der Feuersturm erschüttert und vernichtet nämlich alle Atemluft, und die tobenden Fluten überrennen alles feste Land. Auf diese Weise wird alles gereinigt. Alles Häßliche auf Erden verschwindet; ganz so, als sei es nie gewesen. Es vergeht, so wie Salz zerfließt, wenn es ins Wasser geworfen wird.“*

Hildegard von Bingen erlebte diese schreckliche Vision in der Mitte des 12. Jahrhunderts, und aus dem gesamten Kontext ihrer Schauung vom „Ende der Zeiten" ergibt sich, daß diese „Apokalypse" im Zusammenhang mit einem Kippen der Erdachse stehen wird: einem geophysikalischen Kataklysmus, wie er auch von anderen Propheten angekündigt wurde. Weil die berühmte mittelalterliche Seherin diese Globalkatastrophe zudem in den Rahmen eines großen und historisch nachprüfbaren Zyklus einordnete, läßt sich die Epoche der künftigen Menschheitsgeschichte, in der die hochtechnisierten Zivilisationen untergehen werden, genau bestimmen. Gegenwärtig befinden wir uns in der Phase des „grauen Wolfes", die etwa mit dem Jahr 2100 enden wird; danach wird der „Tag von Harmageddon" kommen.

Diese Präkognition Hildegards deckt sich mit der entsprechenden Vision einer anderen großen Hellseherin, der Sibylle von Prag[1], die im 17. Jahrhundert lebte und den „Weltuntergang" für das Jahr 2155 vorhersagte. Hildegard von Bingen wiederum weist sich - unter anderem - durch diesen Fakt als ausgesprochen ernstzunehmende Prophetin aus. Keinesfalls darf sie „lediglich" als mittelalterliche Mystikerin, Dichterin, Heilkundige und Beraterin der mächtigsten Männer ihrer Zeit eingeordnet werden, so wie das in der Literatur über sie vielfach geschieht.

Allerdings sind ihre Weissagungen für das neue Jahrtausend nicht unbedingt auf den ersten Blick als solche zu erkennen. Vielmehr wurden sie von der Visionärin in ihrem umfangreichen Werk „Scivias" („Wisse die Wege") quasi „doppelbödig" publiziert. Vordergründig handelt es sich bei den Texten um religiöse Literatur; erst bei genauem Hinsehen erschließt sich in vielen Fällen der verborgene, dann aber um so brisantere Sinngehalt. Um ihre Warnungen vor einer zutiefst gefährlichen Fehlentwicklung der Menschheit auszusprechen, benutzte Hildegard von Bingen also eine Methode, wie sie auch andere Autoren verwendeten, um sich vor kirchlicher Zensur oder noch Schlimmerem zu schützen. Nach außen hin diktierte sie ihren Sekretären sogenannte eschatologische Bibelinterpretationen, in denen es scheinbar um ein lediglich theologisch definiertes „Jüngstes Gericht" geht; zwischen den Zeilen jedoch sagte sie das aus, was ihr wirklich am Herzen lag - und in diesen Fällen handelt es sich ganz ohne Zweifel um echte Präkognitionen.

Auf diese Weise entging die mittelalterliche Nonne jenem Schicksal, das ihr sonst möglicherweise gedroht hätte: zusammen mit ihren Büchern als Ketzerin verbrannt zu werden. So aber überdauerte ihr Werk viele Jahrhunderte und erlebt in der Gegenwart sogar eine vehemente Renaissance, so daß die Visionen Hildegards exakt in dem historischen „Moment" wirksam werden können, für den sie in erster Linie gedacht sind. In einer Zeit, da die reale „Apokalypse" bereits sehr nahe gerückt ist, bekommen die Völker der westlichen Welt dadurch noch eine letzte Chance zur Umkehr. Dies und nichts anderes ist das Vermächtnis der Hildegard von Bingen für das Ende des zweiten und den Beginn des dritten Millenniums.

Im Rahmen des vorliegenden Buches werden ihre in „Scivias" verborgenen Weissagungen in vollem Umfang vorgestellt und interpretiert. Ebenso wird versucht, den paranormalen „Techniken" der rheinischen Nonne auf die Spur zu kommen. In diesem Zusammenhang geht der Autor unter anderem der Frage nach: Inwieweit nutzte Hildegard von Bingen „Wasseradern" oder Kraftorte auf Berggipfeln, um ihrer Gabe zum Durchbruch zu verhelfen? Um hier Antworten geben zu können, ist es freilich zunächst angebracht, die Vita der Visionärin näher unter die Lupe zu nehmen: das Leben einer Frau, die sich dank ihrer außergewöhnlichen geistigen und spirituellen Kraft in der von Männern dominierten Welt des Mittelalters zu behaupten vermochte.

DAS LEBEN DER RHEINISCHEN ADLIGEN UND NONNE HILDEGARD VON BINGEN

Kindheit und Jugend (1098 –1115)

Der kleine Ort Bermersheim liegt einige Kilometer nördlich der Stadt Alzey in Rheinhessen; ganz in der Nähe donnert heute der Verkehr über das Autobahnkreuz Alzey. Im Sommer des Jahres 1098 hingegen, als Hildegard hier geboren wurde, dürfte das Burgdorf ruhig und verträumt in der Rheinebene gelegen haben. Etwa ein Dutzend Gehöfte werden sich um den Herrensitz der Edelfreien von Bermersheim geschart haben: den einzigen mehrstöckigen Steinbau der Ansiedlung, neben dem wahrscheinlich ein klobiger Wehrturm stand. Eine einfache Ringmauer oder vielleicht auch nur ein Palisadenwall friedete den Besitz ein; Bermersheim bot damit wohl das typische, eher bescheidene Bild einer frühen deutschen Burganlage, die noch nichts oder zumindest nicht viel von dem ausgeklügelten Fortifikationswesen späterer Jahrhunderte an sich hatte.

Dennoch war der Grundbesitzer, der hier das Sagen hatte, ein durchaus einflußreicher Mann. Hilbebertus von Bermersheim stammte aus einer altadligen Sippe und war Landesgutsverwalter des bischöflichen Hochstiftes Speyer; nach modernem Sprachgebrauch quasi ein hochrangiger „Verwaltungsbeamter“ in kirchlichen Diensten. Im Gegensatz zu den nichtadligen Ministerialen leistete er keinen abhängigen Lehensdienst, sondern wurde für seine Tätigkeit in barer Münze bezahlt; zudem konnte er als Edelfreier nicht gezwungen werden, sich an den häufigen Kriegszügen oder Fehden des Kirchenfürsten in Speyer zu beteiligen. Mechthild, seine Gemahlin, wird dieses Privileg vermutlich zu schätzen gewußt haben; sie kam aus der ebenfalls altadligen Familie derer von Merxheim, deren Stammsitz sich im Nahetal befand.

Im Sommer 1098 lag Mechthild von Merxheim zum zehnten Mal im Kindbett; die neun vorangegangenen Geburten hatten ihren Körper offenbar ausgelaugt, denn das Mädchen, das sie zur Welt brachte, wird in den Überlieferungen übereinstimmend als schwächlich bezeichnet. Während ihrer ersten Lebensjahre mußten die Eltern der kleinen Hildegard mehrmals um ihr Leben bangen. Erst spät soll sie das Laufen gelernt haben; außerdem berichten die Quellen, daß sie immer wieder an schmerzhaften Krankheiten litt und nur selten an den ausgelassenen Spielen ihrer Geschwister teilnehmen konnte.

Es sieht infolgedessen so aus, als sei Hildegard von Bermersheim, wie die spätere Prophetin eigentlich hieß, ein introvertiertes Kind gewesen, das in seiner eigenen Welt lebte und deshalb schon sehr früh gewisse „Entrückungen“ erfuhr. Sie selbst bestätigte das später indirekt, als sie in einem autobiographischen Text schrieb: „Bis zu meinem fünften Lebensjahr sah ich vieles, und manches erzählte ich einfach, so daß die, die es hörten, sich sehr wunderten, woher es käme und von wem es sei.“ Hildegard kann damit eigentlich nur Visionen gemeint haben, die sie bereits als kleines Kind hatte; ihre paranormale Gabe scheint ihr also angeboren gewesen zu sein.

Zum Beweis dafür wird gerne die folgende, in der Tat mit dem „normalen Menschenverstand" kaum zu erklärende Geschichte herangezogen: Das fünfjährige Mädchen unternahm zusammen mit seiner Kinderfrau einen Spaziergang über die Viehweiden von Bermersheim und blieb plötzlich versonnen vor einer trächtigen Kuh stehen. Nach einer Weile behauptete Hildegard, sie könne das ungeborene Kälbchen genau sehen. Es sei von weißer Farbe, habe aber an der Stirn, am Rücken und an den Beinen dunkle Flecken. Die Amme tat diese Äußerungen der Fünfjährigen aus irgendeinem Grund nicht einfach als kindliches Geplapper ab, sondern gab sie weiter. Infolgedessen wartete man auf dem Adelsgut gespannt auf die Geburt des Kalbes - und dann stellte sich zur großen Verblüffung der Erwachsenen heraus, daß Hildegard die Fellzeichnung des kleinen Tieres in der Tat völlig zutreffend beschrieben und damit einen ersten Beweis für ihre präkognitive Gabe erbracht hatte.

Ihre Mutter wiederum könnte diese sensitiven Anlagen bewußt oder unbewußt gefördert haben; auf jeden Fall heißt es von ihr, sie habe sich weit über das gewöhnliche Maß hinaus um die Erziehung ihrer Sprößlinge gekümmert. Wie die moderne Psychologie weiß, wirkt sich gerade eine derartige Zuwendung noch in der frühen Kindheit ausgesprochen positiv auf die geistige Entwicklung eines Menschen aus; es ist anzunehmen, daß Hildegard davon für ihr ganzes späteres Leben profitierte. Um so unverständlicher scheint für uns Heutige dann aber die Entscheidung zu sein, die ihre Eltern trafen, als das paranormal veranlagte Mädchen acht Jahre zählte. In diesem zarten Alter nämlich wurde Hildegard von Bermersheim aus ihrer vertrauten Umwelt gerissen und in ein Kloster „gesteckt".

Was genau den bischöflichen Landesgutsverwalter und seine Gattin zu diesem Schritt bewog, kann heute nicht mehr eruiert werden; man weiß nur, daß eine gewisse Jutta von Spanheim dabei eine wichtige Rolle spielte. Diese junge Edelfrau war mit der Familie in Bermersheim befreundet, und nachdem sie sich Anno 1106 entschlossen hatte, ihr künftiges Leben als Klausnerin im Kloster Disibodenberg zu verbringen, wurde ihr die achtjährige Hildegard zur weiteren Erziehung anvertraut. Zum Allerheiligenfest des genannten Jahres brachten die Bermersheimer ihre jüngste Tochter in die etwa einen Tagesritt entfernte Benediktinerabtei auf dem Disibodenberg; zusammen mit Jutta von Spanheim und einem weiteren Mädchen bezog Hildegard dort feierlich die Klause: einen durch Mauern abgegrenzten Bereich auf dem Klosterareal, der im wesentlichen aus einer Zelle und einem kleinen Garten bestand.

Im Kapitel „Gefährliche Gratwanderung zwischen Heiligenschein und Scheiterhaufen" werden wir noch etwas näher auf das ungewöhnliche Leben derartiger Inklusinnen, wie man die „weltflüchtigen" Frauen auch nannte, eingehen; vorerst nur soviel: Das behütete und kontemplative Dasein in der Obhut jener Jutta von Spanheim hatte, wie es scheint, eine stabilisierende Auswirkung auf Hildegards Gesundheit; vielleicht ist hierin auch einer der Gründe für die auf den ersten Blick so hartherzig wirkende Entscheidung ihrer Eltern zu sehen. Auf jeden Fall absolvier-

Konventssiegel des Hildegard-Klosters
St. Disibod

te das heranwachsende Mädchen während der folgenden Jahre eine ziemlich umfangreiche klösterliche Ausbildung. Die Quellen berichten, daß Hildegard sich intensiv mit dem „Alten Testament“ der Bibel, den Evangelien sowie der „Geheimen Offenbarung“ des Johannes von Patmos beschäftigte. Außerdem wurde sie im Singen der Psalmen mit ihren ganz besonderen, „mathematisch“ aufgebauten Rhythmen geschult, eignete sich beachtliche Kenntnisse der lateinischen Sprache in Wort und Schrift an und betrieb darüber hinaus astronomisch-astrologische[2] Studien.

Aber auch ihre hellseherische Gabe entwickelte sich in der Abgeschiedenheit des Benediktinerklosters weiter, wie sie in den autobiographischen Teilen ihres späteren Werkes selbst angibt. Häufiger noch als in ihrer frühen Kindheit erschien ihr jenes „Licht“, das in ihren Visionen zeitlebens eine so große Rolle spielen sollte, und Hildegard schrieb, ungefähr auf ihr 15. Lebensjahr bezogen, dazu: „Wenn ich von dieser Schau ganz durchdrungen war, sprach ich vieles, was denen, die es hörten, fremd war. Ließ aber die Gewalt der Schau ein wenig nach, in der ich mich mehr wie ein kleines Kind als nach den Jahren meines Alters verhielt, so schämte ich mich sehr, weinte oft und hätte häufig lieber geschwiegen, wenn es mir möglich gewesen wäre.“

Ganz ohne Zweifel drückte sie im letzten Satz aus, daß es ihr eben nicht möglich war, sich gegen ihre Visionen zu wehren - und in dieser Situation, die sie seelisch vermutlich schwer belastete, entschloß sie sich wohl dazu, dem Beispiel ihrer mittlerweile zur Leiterin des Frauenkonvents aufgestiegenen Mentorin Jutta von Spanheim zu folgen und selbst Klausnerin zu werden. Wann genau sie die Gelübde auf die benediktinische Ordensregel ablegte, ist nicht bekannt; sie traf ihre Entscheidung jedoch spätestens in ihrem 17. Lebensjahr, also Anno 1115.

In einem Alter, da andere an Heirat und Familie dachten, wählte Hildegard das kontemplative religiöse Leben mit seinen strengen und oft genug zwängenden Einschränkungen und war damit den Geboten der Armut, der Keuschheit und des Gehorsams gegenüber ihren Oberen unterworfen.

Nonne und Prophetin auf dem Disibodenberg (1115 -1147)

In den folgenden beiden Jahrzehnten von 1115 bis 1136 erwarb sich Hildegard von Bermersheim den Ruf einer außergewöhnlich fähigen Führungspersönlichkeit sowohl in geistiger als auch organisatorischer Hinsicht. Die anderen Klausnerinnen des Konvents sahen zunehmend zu ihr auf, und als im Dezember 1136 die bisherige Priorin Jutta von Spanheim starb, wählten sie Hildegard einstimmig zur Nachfolgerin. Die nunmehr 38jährige Sensitive zögerte lange, ehe sie das Amt annahm. Nach wie vor litt sie häufig an Krankheiten; hinzu kamen ihre Visionen, die jetzt immer intensiver auf sie einstürmten. Letztlich allerdings widersetzte sie sich dem Wunsch der übrigen Inklusinnen nicht und leitete den Konvent ab dem Spätwinter 1137.

Vier Jahre später, wohl im Februar oder März 1141, erreichte Hildegard ihre volle prophetische Reife. Sie erlebte eine erschütternde Vision, deren nähere Umstände sie später mit folgenden Worten schilderte:

„Das Licht, das ich schaute, ist nicht an den Raum gebunden.
Es ist viel lichter als eine Wolke, die die Sonne in sich trägt.
Weder Höhe noch Länge noch Breite vermag ich zu erkennen.

Es wird mir als der 'Schatten des lebendigen Lichts' bezeichnet. Und wie Sonne, Mond und Sterne im Wasser sich spiegeln, so leuchten mir Schriften, Reden, Kräfte und gewisse Werke des Menschen in ihm auf."

Weiter berichtet sie, daß sie „unter heftigen Schmerzen gezwungen wurde, zu offenbaren, was ich gesehen und gehört hatte". Eine Stimme habe ihr befohlen: „Tu kund die Wunder, die du erfährst! Schreibe sie auf und sprich!"

Was das konkret für sie bedeutete, drückt die moderne Hildegard-Biographin Rosel Termolen sehr griffig so aus: „Dieser visionäre Aufruf (...) verändert ihr Dasein auf einen Schlag. Die kränkliche, bescheidene, in die klösterliche Einsamkeit eingebettete Nonne muß nun ihre so sorgsam gehüteten Visionen hinaustragen in eine dunkle gebeutelte Welt, muß mit Fürsten und Äbten, Päpsten und Kaisern in Kontakt treten, sie mahnen, beraten, fordern und anklagen, muß öffentlich Kunde geben von den geheimsten Erfahrungen ihrer Seele ..."

Hildegard selbst erzählt, was anschließend geschah:

„Ich vertraute dies einem Mönch an, meinem Lehrer Volmar, der sich durch einen guten klösterlichen Wandel und sein eifriges Streben auszeichnete, und dem neugieriges Ausfragen, das vielen Menschen anhaftet, fern lag. Daher hörte er auch diese wunderbaren Erscheinungen gerne an, war voller Staunen und trug mir auf, sie insgeheim aufzuschreiben, bis er sähe, welcher Art sie seien und woher sie kämen. (...) Ich weigerte mich aber zu schreiben, nicht aus Hartnäckigkeit, sondern aus dem Empfinden meines Unvermögens, wegen der Zweifelsucht, des Achselzuckens und des mannigfaltigen Geredes der Menschen, bis Gottes Geißel mich auf das Krankenlager warf. Da endlich legte ich, bezwungen durch das viele Leiden, Hand ans Schreiben ..."

Das ungewöhnliche Werk, das daraufhin im Lauf der folgenden Jahre entstand, umfaßt in einer modernen Kleindruckausgabe rund 600 Seiten – es handelt sich um Hildegards berühmte „Scivias": ein Kompendium sowohl mystischer Schauungen als auch echter, sachlich fundierter Prophezeiungen. Die ersten, nicht präkognitiven Teile wurden von der Visionärin ab dem Frühjahr 1141 noch eigenhändig niedergeschrieben; bald jedoch übernahm der erwähnte Mönch Volmar, ein Mitglied der Benediktinerabtei auf dem Disibodenberg, diese Arbeit, während Hildegard von Bermersheim ihm nun ihre Schauungen diktierte. Beide hatten anfangs gewisse Schwierigkeiten, den Abt des Männerklosters, dem der Frauenkonvent unterstand, vom Sinn ihres Tuns zu überzeugen; nachdem der Prior jedoch einige Kapitel gelesen hatte, war auch er vom „göttlichen Auftrag" der Inklusin überzeugt.

Hildegard hingegen litt auch in der Folge noch unter periodisch wiederkehrenden Zweifeln an ihrer Berufung als Prophetin und scheint deshalb fast wie besessen nach der Anerkennung höchster Autoritäten gesucht zu haben. Aus diesem Grund wandte sie sich 1146 an den französischen Kirchenreformer und Kreuzzugsprediger Bernhard von Clairvaux – eine der schillerndsten und zwiespältigsten Gestalten jener Zeit, zweifelsohne aber eine herausragende Persönlichkeit – und bat um sein Urteil über ihre Gabe.

Im Frühjahr 1147 antwortete der in ganz Europa berühmte Abt, der auch mit dem irischen Bischof und Hellseher Malachias in Kontakt stand und heimlich dessen spektakuläre Papstprophezeiungen in seinem Kloster verwahrte, auf den Brief der rheinischen Nonne: „Wir freuen uns mit dir über die Gnade Gottes, die in dir ist. Und was uns angeht, so mahnen und beschwören wir dich, daß du sie als Gnade erachtest und ihr mit der ganzen Kraft deiner Liebe in Demut und Hingabe entsprichst." Bernhard von Clairvaux hatte die Schauungen der Hildegard von Bermersheim damit quasi sanktioniert, und als dies in Deutschland bekannt wurde, avancierte die Inklusin vom Disibodenberg zur „Prophetissa Teutonica": zur „Prophetin der Deutschen" schlechthin.

Ab der Mitte des 12. Jahrhunderts nahmen höchste weltliche und kirchliche Würdenträger Anteil an den Visionen Hildegards. Einer von ihnen war Heinrich, Erzbischof von Mainz und Primas des Heiligen Römischen Reiches Deutscher Nation; als 1147 Papst Eugen III. zu einer Synode nach Trier kam, machte der Mainzer ihn auf Hildegard von Bermersheim aufmerksam. Was daraufhin geschah, erzählt der belgische Theologe und Mönch Wibert vom Gembloux, der in späteren Jahren die erste Vita der nachmaligen Hildegard von Bingen verfaßte:

„Der Papst, ein Mann von sehr hoher Diskretion, ordnete eine sorgfältige Untersuchung an. Er sandte den verehrungswürdigen Bischof von Verdun, den Primizerius Adalbert und weitere geeignete Männer zu dem Kloster, unter dessen Schutz die Jungfrau bereits viele Jahre in ihrer Klause lebte. Unauffällig, ohne sich von der Neugierde anstacheln zu lassen, sollten sie von ihr selbst zu erfahren versuchen, was an der Sache sei. Da sie nun unter Beachtung großer Zurückhaltung ihre Fragen stellten, eröffnete ihnen die Jungfrau in Bescheidenheit, was sich mit ihr zugetragen hatte. Alsbald kehrten sie zum apostolischen Herrn zurück und berichteten ihm und den Versammelten (der Synode; Anm. d. A.) über das Gehörte. Die Aufmerksamkeit aller Anwesenden wurde wach. Der Papst ließ sich nach kurzer Überlegung die mitgebrachten Schriften der seligen Hildegardis reichen und übernahm selbst das Amt des Vorlesers. (...)
Da wurden alle Herzen zum Lobe des Schöpfers entflammt,

und sie brachen in jubelnde Freude aus. Zugegen war auch der Abt Bernhard von Clairvaux heiligen Angedenkens. Dieser ergriff das Wort und bat, wobei die übrigen ihn unterstützten, den Hohenpriester, er möge nicht zulassen, daß ein so hell strahlendes Licht im Dunkel des Schweigens bleibe; vielmehr solle er die Gnadenfülle, die der Herr unter seinem Pontifikat kundtun wolle, durch seine Autorität bestätigen. Dem stimmte der verehrungswürdige Vater der Väter gütig und weise zu und wandte sich mit einem huldvollen Schreiben an die selige Jungfrau. Er erteilte ihr in Christi und des heiligen Petrus Namen die Erlaubnis, was immer sie im Heiligen Geiste erkenne, kundzutun, und ermunterte sie zum Schreiben.“

Was sich auf der Trierer Synode von 1147 abspielte, war in den Augen der mittelalterlichen Welt eine Sensation. Sie muß auf die Menschen der damaligen Zeit so ähnlich gewirkt haben, als würden sich heutzutage die führenden Staatsmänner der Erde auf einem ihrer G-7-Gipfel öffentlich zu einem modernen Visionär bekennen und begeistert aus seinen Schriften rezitieren. Schlagartig war Hildegard durch die Geste des Papstes zu unerhörter Prominenz gelangt, und da an der Synode insgesamt 18 Kardinäle, viele Dutzende von Bischöfen und Äbten sowie Hunderte von weltlichen Adligen aus Deutschland, Britannien, Burgund, Flandern, Tuscien, der Lombardei und anderen Teilen des Reiches teilgenommen hatten, verbreitete sich die Kunde von den Geschehnissen rasch über ganz Europa.

Was von Hildegards mittlerweile schon sehr umfangreichem Œuvre greifbar war, wurde nun vielfach abgeschrieben. Vor allem die Skriptorien der Klöster verbreiteten die Texte weiter; darunter auch Teile der „Scivias“, dem Werk, das zu diesem Zeitpunkt allerdings noch nicht vollendet war. Auf den Disibodenberg selbst strömten die Pilger von nun an in hellen Scharen; Tausende wollten den Ort sehen und seine Ausstrahlung spüren, an dem Hildegard von Bermersheim ihre „übernatürlichen“ Schauungen empfing. So mancher gewöhnliche Charakter wäre angesichts derartiger Aufmerksamkeit und teilweise auch manischer Verehrung größenwahnsinnig geworden. Nicht so jedoch die inzwischen fast fünfzigjährige Vorsteherin der Inklusinnen des Benediktinerklosters; vielmehr nutzte Hildegard ihre außerordentliche Popularität ausgesprochen altruistisch und einzig zu dem Zweck, den ihr anvertrauten Frauen ein höheres Maß an Selbstverwirklichung als bisher zu verschaffen.

Äbtissin auf dem Rupertsberg (1147 – 1179)

Auf dem Disibodenberg war der Bereich, in dem die Klausnerinnen lebten, sozusagen nur ein Anhängsel des ungleich bedeutenderen Männerklosters. Die Frauen unterstanden damit der Befehlsgewalt des Abtes, sie hatten im Zweifelsfall alle seine Anordnungen widerspruchslos auszuführen. Nachdem der Konvent der Inklusinnen dank des spirituellen Rufes der Hildegard von Bermersheim Anno 1147 zudem auf ungefähr zwanzig Mitglieder angewachsen war, bot es sich für die Priorin förmlich an, ein eigenes Nonnenkloster zu gründen. Um dies zu erreichen, mußte sie freilich beträchtliche Widerstände überwinden.

Die Benediktinermönche hatten nämlich gerade während der letzten Jahre kräftig von den Klausnerinnen um Hildegard profitiert, weil die vielen tausend Pilger natürlich auch eine Menge Geld auf dem Disibodenberg zurückgelassen hatten. Da die Abtei außerdem Nutznießer der oft beträchtlichen Aussteuer war, welche die Frauen des Konvents von ihren zumeist adligen Familien mitbekommen hatten, stieß Hildegard beim Abt zunächst auf wenig Gegenliebe, als sie ihm ihren Entschluß mitteilte. Sie ließ sich indessen nicht beirren, sondern nutzte ihre ausgezeichneten „politischen" Kontakte - in diesem Fall zum Mainzer Erzbischof Heinrich. Nachdem dieser Kirchenfürst sich auf ihre Seite gestellt hatte, erwirkte Hildegard auch die päpstliche Erlaubnis zur Klostergründung, womit das Projekt kurz nach 1147 in Angriff genommen werden konnte.

Als Bauplatz suchte die Prophetin, die von ihren Mitschwestern nun zur Äbtissin gewählt worden war, den brachliegenden Rupertsberg in unmittelbarer Nähe von Bingen am Rhein aus. Wie wir im Kapitel „Wie weit stand Hildegard von Bingen in der Tradition heidnischer Seherinnen?" noch erkennen werden, handelte es sich dabei um einen ganz besonderen Ort. Hier wurde in den Jahren zwischen 1147 und 1150 die Abtei errichtet, die bis zum Drei-

Bingen und die Klosterruine Rupertsberg (Stahlstich um 1830)

ßigjährigen Krieg bestehen sollte. 1150 zogen die Nonnen vom Disibodenberg dorthin um; der Mönch Volmar, welcher der Äbtissin bis zu seinem Tod 1173 als Sekretär und Klosterpropst dienen sollte, begleitete sie. Hildegard selbst schildert in ihren Lebenserinnerungen die Szenerie des ersten Tages mit sehr eindrucksvollen Sätzen:

„Sturmwolken zogen über das Kloster hinweg und bedeckten die Sonne. Trübsale brachen über mich herein; ich vergoß bittere Tränen. Manche der Schwestern sahen mich böse an, lästerten hinter meinem Rücken über mich und sagten, sie könnten den unausstehlichen Druck ihrer Klosterregel nicht ertragen."

Schon bald freilich hatten die Nonnen sich auf dem Rupertsberg eingerichtet, und die Lebensumstände dort während der nun folgenden Jahre beschreibt wiederum Volmars Nachfolger Wibert von Gembloux so:

„Die Schwestern und ihre Meisterin sind ein Herz und eine Seele. Ihr Eifer im Dienste Gottes, ihre Selbstzucht, Wachsamkeit sowie ihr liebenswürdiger, geselliger Verkehr untereinander - all das atmet Andacht, Heiligkeit und Frieden. An den Sonntagen ruhen Webstuhl, Spindel und Feder. In heiligem Schweigen lauscht man den frommen Lesungen und übt sich im liturgischen Gesang. An den Werktagen hingegen regen sich emsig die Hände. Sie sticken, spinnen, weben und nähen vom Morgengrauen bis zum Abendbrot. Kein Müßiggang wird geduldet, kein unziemliches Wort fällt. Die Räume des Klosters zeugen von Einfachheit und Geschmack. Mittels einer Röhrenleitung wird jeder Arbeitsraum mit frischem Wasser versorgt. Zahlreiche Gäste sprechen am Tor vor, geschäftig gehen Dienstleute aus und ein. Fünfzig Schwestern finden Wohnung, Kleidung und ergiebige Versorgung. Die Äbtissin selbst waltet ihres Amtes in

Bescheidenheit und Würde. Sie versucht, allen alles zu sein; immer ist sie beschäftigt. Obwohl Alter und Krankheit sie gebeugt haben, ist sie unermüdlich."

Dies war jedoch nur der eine Aspekt im Dasein der Hildegard von Bingen, wie sie jetzt genannt wurde. Denn ob sie wollte oder nicht - ihre visionäre Gabe sorgte dafür, daß sie auch auf dem Rupertsberg vom Treiben der Großen Welt nicht verschont blieb. Im eben zitierten Text Wiberts werden die zahlreichen Gäste erwähnt, die am Tor vorsprachen; bestimmt dachte der Biograph bei der Niederschrift auch an die Kavalkade, die im Jahr 1154 Einlaß begehrte: eine Gesandtschaft des Kaisers Friedrich I. Barbarossa.

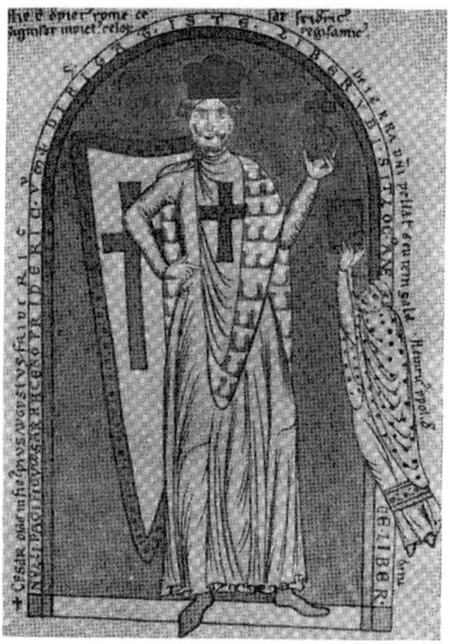

Kaiser Friedrich I. Barbarossa (Miniatur von 1188)

Der Staufer lud Hildegard auf seine Pfalz Ingelheim ein und führte dort ein langes vertrauliches Gespräch mit der paranormal veranlagten Äbtissin. Über den Inhalt ist nichts überliefert; gesichert ist jedoch, daß dem Treffen ein Briefwechsel folgte, und in einem dieser Schreiben warnte die Seherin den Monarchen vor einer dunklen Gefahr:

„Du mußt in den Angelegenheiten deines Lebens sehr vorsichtig sein! Denn in der Schau sehe ich dich von Stürmen und Widerwärtigkeiten umgeben. Hüte dich, daß der höchste König dich nicht niederwerfe wegen der Blindheit deiner Augen!"

Vierzehn Jahre später, als der Investiturstreit[3] zwischen Barbarossa und der römischen Kurie seinen Höhepunkt erreicht und Friedrich I. kurz hintereinander drei Gegenpäpste ernannt hatte, richtete Hildegard von Bingen einen weiteren Brief an den Monarchen und sprach darin die folgende bedrohliche Prophezeiung aus:

„Gottes Strafgericht wird dich vernichten, wenn du nicht von deinem falschen Weg abgehst! Denn der da ist, spricht: Die Widerspenstigkeit zerstöre Ich, und den Widerstand derer, die Mir trotzen, zermalme Ich durch Mich selbst. Wehe, wehe diesem bösen Tun der Frevler, die Mich verachten. Dies höre, König, wenn du leben willst! Sonst wird Mein Schwert dich durchbohren!"

Man könnte diese 1168 gefallenen Sätze als religiöses Eifern der Äbtissin vom Rupertsberg abtun - wenn sie sich am 10. Juni 1190 nicht auf schreckliche Weise bewahrheitet hätten. In jenem Sommer nämlich führte Friedrich Barbarossa das Heer des dritten Kreuzzuges mit dem Ziel Jerusalem durch Kleinasien, und als er am genannten Tag ein Bad im Fluß Saleph nahm, ereilte ihn unvermittelt der Tod. Bis heute rätseln die Historiker, ob ein jäher Herzschlag daran schuld war, oder ob der Kaiser in einen Strudel geriet und ertrank. Tatsache bleibt, daß Hildegard von Bingen ihm bereits Jahrzehnte zuvor ein derartiges Ende vorhergesagt und damit ihre Prophetengabe unter Beweis gestellt hatte. Denn in der Tat war Friedrich I. leichtsinnig, also „blinden Auges" ins Wasser gegangen und hatte sich damit - ebenso wie mit dem Kreuzzug selbst - auf einem „falschen Weg" befunden. Deshalb hatte er sein Leben verloren, und es war so schnell geschehen, als hätte ihn ein „Schwert durchbohrt".

Schonungslos hatte die Visionärin vom Rupertsberg dem

Stauferkaiser 1154 und 1168 die Wahrheit entgegengehalten; ähnlich unverblümt setzte sie sich mit anderen Großen ihrer Zeit auseinander. Sie geißelte mehrere der Päpste, die während ihres langen Lebens regierten; an Anastasius IV. beispielsweise schrieb sie schroff:

„Du, o Mensch, der du auf dem päpstlichen Thron sitzt, bist ein Gottesverächter, wenn du das Böse umfängst und nicht von dir schleuderst, es vielmehr liebkost. (...) Du vernachlässigst die Gerechtigkeit. Du läßt zu, daß das Böse sich übermütig erhebt. (...) Laufe eilends zur Gerechtigkeit, damit du nicht verklagt werdest vor dem großen Arzt, weil du seine Schafherde nicht vom Schmutz gereinigt hast."

Wie wir später noch sehen werden, weissagte Hildegard von Bingen letztlich sogar den Untergang der Papstkirche; ihre diesbezüglichen Prophezeiungen korrespondieren (nicht nur in diesem Punkt) mit denen einiger anderer großer Visionäre, die in dieser Buchreihe vorgestellt werden. Da die rheinische Nonne freilich wußte, daß die katholische Kirche nicht vor dem dritten Millennium von einem solchen „Harmageddon" heimgesucht werden würde, bemühte sie sich in ihrer eigenen Zeit, Fehlentwicklungen zumindest abzuschwächen, indem sie den Kirchenfürsten von ihrem Kloster aus ins Gewissen redete.

Sie tat dies nicht nur in ihren Briefen, sondern auch in einer ganzen Reihe weiterer Bücher, die sie ihren beiden Sekretären Volmar und Wibert von Gembloux nun - nachdem „Scivias" Anno 1151 abgeschlossen war - in den folgenden Jahrzehnten auf dem Rupertsberg diktierte. Auch diese Werke, wie zum Beispiel das „Liber vitae meritorum" („Das Buch der Lebensverdienste") oder das „Liber divinorum operum" („Das Buch der göttlichen Werke"), tragen starke

Die Seherin (Tafel I des Rupertsberger Kodex)

spirituelle Züge, enthalten aber eher Lebensweisheiten, mystische Ermahnungen und teils ganz erstaunliche Einsichten in das Zusammenspiel von Mikro- und Makrokosmos, die oft außerordentlich modern anmuten.

Hildegard von Bingen gewann derartige Erkenntnisse

ganz ohne Zweifel aufgrund des innigen Umganges mit der Natur, den sie seit ihrer Kindheit gepflegt hatte. Bereits Jutta von Spanheim hatte die Achtjährige zur Arbeit in dem kleinen Garten, der zur Klause auf dem Disibodenberg gehörte, angeleitet; später, als die Visionärin ihr eigenes Kloster gründete, sorgte sie dafür, daß die Kräuterkunde auch dort bald in hoher Blüte stand. Dies war zwar in allen mittelalterlichen Abteien so; Hildegard indessen erwarb sich auch in diesem Bereich einen herausragenden Ruf. Ihre Schriften zur Pflanzenheilkunde sind bis heute bahnbrechend und erfahren gerade in der Gegenwart wieder immense Beachtung. Ähnliches gilt für ihre Lehren über die verborgenen Kräfte von Mineralien; auch in diesem Bereich war die Äbtissin eine Eingeweihte von hohen Graden.

Angesichts ihres Wissens und ihrer Ausstrahlung, die von Zeitgenossen als „heiligmäßig“ beschrieben wird, war es kein Wunder, daß die Benediktinerinnenabtei auf dem

Kloster Eibingen, vor 1803

Rupertsberg bald aus allen Nähten platzte. Aus den ursprünglich nur zwanzig Nonnen waren, wie Wibert von Gembloux berichtet, bereits nach wenigen Jahren fünfzig geworden; 1165 schließlich sah Hildegard sich wegen des weiter und weiter anhaltenden Zustromes von Novizinnen und Inklusinnen gezwungen, die Errichtung eines Filialklosters in Angriff zu nehmen. In Eibingen (nahe Rüdesheim), wo die Ruinen eines ehemaligen Augustinerstifts standen, fand Hildegard von Bingen den geeigneten Platz und bewies dort - obwohl mittlerweile 67 Jahre alt - einmal mehr ihre ungewöhnliche Tatkraft in praktischen Dingen.

Persönlich leitete sie den Wiederaufbau der durch eine Fehde verwüsteten Gebäude; nachdem das Filialkloster bezogen war, setzte sie wöchentlich zweimal vom Rupertsberg aus in einem Fährkahn über den Rhein und stieg über die steilen Flanken der Weinberge zum Eibinger Kloster hinauf. Bei einer dieser Gelegenheiten, so die Überlieferung, heilte sie „auf wundersame Weise“ einen erblindeten Jungen; vermutlich wandte sie in Wahrheit ihr außergewöhnliches medizinisches Wissen an, um dem bedauernswerten Kind zu helfen.

Hildegard selbst hingegen litt im Alter zuzeiten noch ärger unter ihren eigenen Krankheiten als in ihrer Jugend. Ihr Leben lang hatten verschiedenste Gebrechen sie immer wieder aufs Krankenbett gezwungen; mit beinahe übermenschlicher Kraft hatte sie sich stets aufs neue aufgerafft. Und auch jetzt, nachdem das Filialkloster florierte und sie bereits ihr 70. Lebensjahr vollendet hatte, gönnte sie sich keine Ruhe. Etwa zehn Jahre zuvor hatte sie - zusätzlich zu ihren sonstigen Pflichten - auch noch begonnen, ausgedehnte Predigtreisen zu unternehmen. Sie soll die Menschen, die ihr in den Kirchen oder auf den Marktplätzen lauschten, förmlich in Bann geschlagen haben; außerdem pflegte sie in den Pfarrhäusern oder auch Bischofspalästen solchen Klerikern ins Gewissen zu reden, denen mehr an ihren oft horrenden Pfründen als an den Evangelien lag. Nun, zu Beginn ihres achten Lebensjahrzehnts, steigerte sie diese Anstrengungen noch und erwarb sich dadurch den Beinamen „Athletin Gottes".

Für die Jahre zwischen 1168 und 1171 sind zwei Dutzend Reisen dokumentiert: nach Würzburg, Mainz, Bamberg, Kitzingen und Wertheim, dann wieder in den Steigerwald oder den Hunsrück. Sie kam nach Trier, Zabern, Metz, Alzey und Maulbronn, hielt sich im berühmten Kloster Hirsau auf und besuchte Kirchheim, Zwiefalten, Boppard, Andernach und Siegburg. Weitere Stationen waren Koblenz, Bonn, Laach, Verden und Köln. Die Fortbewegungsmittel, welche die Greisin benutzte, waren äußerst unkomfortabel: Hildegard von Bingen reiste auf Flußkähnen oder Flößen, sie saß im Sattel von Zeltern oder Maultieren, wurde in Tragsesseln durchgerüttelt und ging notfalls auch über Dutzende von Meilen schlicht zu Fuß. 1171 schließlich verließ die Äbtissin den rheinischen Rupertsberg zum letzten Mal, um in Schwaben zu predigen; „auf den Tod ermüdet", so ein Chronist, kehrte sie nach Monaten in ihr Kloster heim.

Doch noch immer war ihre ungebärdige Lebenskraft nicht verbraucht. Während ihrer letzten acht Jahre diktierte sie ihrem Sekretär Wibert von Gembloux weitere Manuskripte, darunter auch beachtliche religiöse Lyrik - und bewies zusätzlich ganz erstaunlichen Mut, indem sie sich auf Biegen und Brechen mit der Amtskirche in Gestalt der Mainzer Prälaten anlegte.

Auslöser war eine Leiche, die eines Tages auf den Rupertsberg gebracht wurde. Der junge Adlige, der im Sarg lag, hatte sich im Investiturstreit allzusehr auf der kaiserlichen Seite exponiert und war deswegen vom Klerus seiner Heimatstadt exkommuniziert worden. Nachdem er verstorben war, ohne zu Kreuze gekrochen zu sein, hatten die Mainzer Prälaten ihm auch noch ein christliches Begräbnis verweigert, worauf seine Angehörigen den Toten zum Kloster der Hildegard von Bingen brachten. Die hochbetagte Äbtissin zeigte Barmherzigkeit und ließ den Ritter nach katholischem Ritus auf dem Klosterfriedhof beisetzen - worauf die Amtskirche nun gegen sie und ihre Nonnen vorging.

Die Prälaten verlangten, daß der Leichnam exhumiert und auf dem Schindanger verscharrt werden müsse. Als Hildegard sich weigerte, wurde das Interdikt über ihre Abtei verhängt. Das bedeutete, daß weder die Äbtissin noch ihre Mitschwestern mehr die Messe feiern oder die Sakramente empfangen durften. Im tiefreligiösen Mittelalter lösten solch geistliche Zwangsmaßnahmen gewöhnlich schreckliche Höllenfurcht bei den Gläubigen aus - Hildegard von Bingen hingegen lehnte es auch weiterhin ab, die Totenruhe zu stören, weil sie ihr Gewissen über die Theologie stellte. Zusammen mit den übrigen Nonnen ertrug sie das Interdikt bis kurz vor ihrem Tod; dann wurde, dank ihrer Courage, der öffentliche Druck auf den Mainzer Klerus zu groß, so daß die dortigen Prälaten sich gezwungen sahen, den Bannspruch zurückzunehmen.

Noch einmal hatte die Visionärin bewiesen, welch außergewöhnliche Frau sie war, und als sie am 17. September 1179 im Alter von 81 Jahren starb, soll sich an ihrem Totenbett ein PSI-Phänomen - ein „Wunder“ im Sprachgebrauch des 12. Jahrhunderts - ereignet haben. Ein Augenzeuge beschrieb die paranormale Erscheinung so: Am Nachthimmel über dem Kloster habe sich ein übernatürliches Licht gezeigt. Zwei breite und prächtige Bögen von verschiedenfarbigem Glanz seien aus den vier Himmelsrichtungen emporgestiegen und hätten sich im Zenit geschnitten.

Sodann sei dort, groß und leuchtend wie der Vollmond, eine Lichtscheibe erschienen, in deren Innerem ein rotschimmerndes Kreuz geleuchtet habe. Scheibe und Kreuz seien zu unermeßlicher Größe angewachsen, während ringsum kleine Kreuze aufleuchteten, die, in allen Regenbogenfarben schillernd, abermals kleinere Kreuze in sich trugen.

Hildegard von Bingen wurde im Chor der von ihr erbauten Klosterkirche auf dem Rupertsberg beigesetzt; später sollen an ihrem Grab weitere „Wunder“ geschehen sein. Bis zum Jahr 1631 blieben die Gebeine der Prophetin in ihrer Gruft; nachdem die Abtei im Dreißigjährigen Krieg zerstört worden war, wurden die sterblichen Überreste Hildegards nach Köln überführt. Dort ruhten sie jedoch nur bis 1636; seitdem befinden sie sich in der Klosterkirche von Eibingen und genießen dort gerade an der Wende vom zweiten zum dritten Jahrtausend wieder sehr große Verehrung.

GEFÄHRLICHE GRATWANDERUNG ZWISCHEN HEILIGENSCHEIN UND SCHEITERHAUFEN

Die besondere Situation der Visionärin Hildegard in ihrer Zeit

Was wäre geschehen, wenn Hildegard ihre ersten kindlichen Schauungen nicht als Angehörige einer Adelsfamilie, sondern als Tochter eines Tagelöhners erlebt hätte, und wenn im Fall ihrer Wahrschau auf der Viehweide von Bermersheim statt der verständnisvollen Amme ein fanatischer Kleriker Zeuge geworden wäre? Unter Umständen hätte dies für das unschuldige Mädchen ein grauenhaftes Ende bedeuten können, denn tiefe Religiosität und krankhafter Aberglaube mit allen seinen schrecklichen Folgen lagen im Mittelalter außerordentlich nahe beieinander. Hätte die fünfjährige Hildegard also ihre Prophezeiung über die Fellzeichnung des ungeborenen Kalbes in einer Situation abgegeben, wie sie oben beschrieben wurde, dann wäre es sehr leicht möglich gewesen, daß man sie nach dem Eintreffen der Vision kurzerhand auf den Scheiterhaufen gezerrt und als „Teufelsbalg" verbrannt hätte.

Zwar begannen die großen Hexenverfolgungen in Deutschland erst im frühen 13. Jahrhundert mit dem Auftreten des päpstlichen Inquisitors Konrad von Marburg, doch der mörderische Wahn selbst hatte sich bereits lange zuvor im Volk festgesetzt. Vor allem weil die christlichen

Missionare spätestens ab der Zeit Karls „des Großen", der im Pakt mit der katholischen Kirche einen Holocaust gegenüber dem europäischen Heidentum betrieben hatte, die alten Götter mit allen Mitteln dämonisierten, waren zwangsläufig die gräßlichen Obsessionen entstanden. Die erhabenen Gestalten der paganen Gottheiten wurden von den Priestern zu blutrünstigen Zerrbildern ihrer selbst verunstaltet: zu einem Pandämonium höllischer Bestien, an deren Spitze der gehörnte „Satan" stand; ursprünglich der keltische Gott Cernunnos, dessen vielfach verästeltes Geweih die Gleichwertigkeit allen Lebens symbolisiert.

Da die Christianisierung Europas zudem einen tiefen geistigen Absturz nach sich gezogen hatte, war es kein Wunder, daß die mittelalterliche Gesellschaft nun eine entsetzliche irrationale Furcht vor den vermeintlichen teuflischen Mächten empfand. Überall schienen die Schemen der vom Klerus heraufbeschworenen finsteren Gespenster zu lauern; alles, was außerhalb der Norm lag – vom seltsam verwachsenen Baum über ein Ferkel mit zwei Köpfen bis hin zu Menschen mit paranormalen Fähigkeiten –, wurde sehr rasch als Ausgeburt des „Leibhaftigen" und damit als Bedrohung des eigenen Seelenheils angesehen. Vor allem Frauen wurden zu Opfern solch krankhafter Zwangsvorstellungen; zum einen deswegen, weil die christliche Theologie völlig unverblümt Frauenfeindschaft predigte und das Weibliche von Natur aus als bösartig und satanisch verdammte; zum anderen aber auch, weil es in erster Linie Frauen waren, die trotz der damit verbundenen Gefahren heimlich noch immer dem alten Glauben und den spirituellen Praktiken des Heidentums anhingen: die sogenannten Hexen.

Diese *Hagazussa*[4], wie sie eigentlich hießen, waren häufig als Naturheilkundige tätig, wußten also um die verborgenen Kräfte von Pflanzen, Mineralien oder auch besonderen

Orten wie Quellen oder Steinsetzungen. Darüber hinaus besaßen sie oft PSI-Fähigkeiten; sie waren zum Beispiel imstande, das Wetter vorherzusagen oder anderweitig in die Zukunft zu blicken. Es war durchaus möglich, daß eine solche Hexe von der Bevölkerung geduldet wurde und die Bauern zu ihr kamen, um etwa Hilfe bei Krankheiten zu erhalten. Unvermittelt freilich konnte die Stimmung umschlagen; nach Unwettern oder Mißernten sah man in der *Hagazussa* häufig den Sündenbock. Wenn das geschah - und sich womöglich noch ein eifernder Priester einmischte - war es nur noch ein Schritt bis zur Lynchjustiz: einem spontanen Mord an der völlig unschuldigen, aber außerhalb der Norm stehenden Frau.

Bereits vor dem Einsetzen der großen, von Kirche und Staat organisierten Hexenverfolgungen fielen auf diese Weise zahlreiche paranormal veranlagte Menschen dem Aberglauben zum Opfer. Betroffen waren in der mittelalterlichen Gesellschaft, wo in erster Linie das „Recht" des Stärkeren zählte, logischerweise die Angehörigen der niedrigeren sozialen Schichten. Klerus und Adel hingegen vermochten sich aufgrund ihrer Machtposition zu schützen, und das wiederum bedeutete in letzter Konsequenz, daß Sensitive - besonders solche, deren paranormale Veranlagung sich spektakulär äußerte - nur dann eine gesicherte Überlebenschance hatten, wenn sie „hochgeboren" waren, beziehungsweise ein Amt innerhalb der Kirche bekleideten.

Beides trifft auf Hildegard von Bingen zu, und es muß im nachhinein - auch wenn dies zynisch klingt - als Glücksfall betrachtet werden, daß sie eben nicht in einer Tagelöhnerkate, sondern in der Burg eines Edelfreien zur Welt kam. Wäre es anders gewesen, so hätte sie ihre kindliche Vision auf der Rinderweide vielleicht tatsächlich mit dem Tod bezahlt; wenn nicht, wäre sie ganz sicher als Erwachsene zu einer

Verfolgten geworden und hätte fast zwangsläufig auf dem Scheiterhaufen geendet. So aber konnte ihre sensitive Begabung sich mehr oder weniger unangefochten entwickeln; da ihre Eltern außerdem dafür gesorgt hatten, daß dies ab ihrem achten Lebensjahr in der Abgeschiedenheit eines Klosters geschah, bekam Hildegard sogar die Chance, ihre einschlägigen Fähigkeiten sozusagen in einer für ihre Zeit optimalen Umgebung auszubilden.

Die Nonnenklöster nämlich stellten damals die einzigen Refugien dar, wo Frauen sich wenigstens einigermaßen selbst verwirklichen konnten. Zwar engte die strenge Disziplin der Ordensregeln sie in einem Maße ein, wie das heute kaum noch vorstellbar ist; gleichzeitig standen den Inklusinnen aber die traditionellen Bildungsmöglichkeiten einer Abtei offen. Es gab einerseits die Bibliotheken, die nicht unbedingt nur theologische Traktate enthielten, sondern auch die eine oder andere Abschrift antiker Werke der Philosophie, Astronomie oder Naturwissenschaft; andererseits fand in den Klöstern oft ein intensiver Dialog zwischen den dort lebenden Frauen statt. Beides zusammen ermöglichte den Nonnen ein Bildungsniveau, das hoch über das gewöhnliche ihrer Epoche hinausreichte; die Stifte, besonders wenn sie von toleranten Äbtissinnen geleitet wurden, waren damit quasi Pflanzgärten des Geistes inmitten einer dumpfen und abergläubischen Umwelt.

Da die Frauen zudem weitestgehend unter sich waren, regierte hinter den Klostermauern vielfach eher ein „matriarchales“ Bewußtsein, das durchaus in erfrischendem Gegensatz zur öden Dogmatik der katholischen Kirche stehen konnte. Wie zeitgenössische Quellen – auch aus der Biographie der Hildegard von Bingen – beweisen, erzeugte dieses mehr „weibliche“ Denken eine oft ganz erstaunliche intellektuelle Aufgeschlossenheit. Daraus wiederum resultierten echte philosophische und sogar naturwissenschaftliche Erkenntnisse, mit denen sich die offizielle scholastische Lehre des Mittelalters, die sich damit begnügte, die zumeist völlig abstrusen „Weisheiten" der Kirchenväter im wahrsten Sinne des Wortes dumpf nachzubeten, nicht zu messen vermochte.

Weil nun aber wenigstens in bestimmten Nonnenklöstern mehr geistige Freiheit als irgendwo sonst in der christlichen Welt des 12. Jahrhunderts existierte, stand man dort auch paranormalen Phänomenen unvoreingenommener gegenüber. Dies wiederum nicht nur theoretisch, sondern sehr wohl auch in der Praxis, denn so manche Inklusin war quasi ein praktizierendes Medium. Die zahlreichen Berichte von „Wundern", die sich gerade in solchen Abteien zugetragen haben sollen, sprechen dafür; realiter setzten sensitive Frauen, die den Schleier genommen hatten, ihre speziellen PSI-Kräfte eben gezielt ein und erzielten damit Effekte, welche die „blauäugigen" Zeugen dann als „göttliches Wirken" bezeichneten. Da solche „Wunder" sich aber im sakralen Bereich eines Klosters zutrugen, liefen ihre Verursacherinnen kaum Gefahr, als Hexen verfolgt zu werden; zumindest im Regelfall bewahrte ihr Nimbus als „Bräute Christi" sie vor dem traurigen Schicksal der *Hagazussa* anderswo.

Dies ist auch der Grund dafür, warum aus jenen Jahrhunderten, in denen die Hexenverfolgungen wüteten, fast ausschließlich Weissagungen von Nonnen, nicht jedoch von „gewöhnlichen" Frauen überliefert sind.[5] Während männliche Visionäre durchaus öffentlich tätig sein konnten, wie am Beispiel des Blinden Hirten von Prag, Nostradamus, Malachias, Johannes von Jerusalem, des Mühlhiasl und vieler anderer deutlich wird, durften weibliche Propheten es nur in Ausnahmefällen wagen, an die Öffentlichkeit zu treten. Mit Sicherheit gingen der Nachwelt dadurch zahlreiche hochinteressante Schauungen verloren; um so wertvoller sind vor diesem Hintergrund aber die Weissagungen der Hildegard von Bingen, die noch dazu in einem der frauenfeindlichsten und auch von daher dunkelsten Jahrhunderte des Mittelalters entstanden.

Die rheinische Seherin der Stauferzeit vermochte ihr herausragendes visionäres Talent ganz ohne Zweifel nur deswegen voll zu entfalten, weil sie von allem Anfang an das für ihre Epoche ideale Umfeld dafür fand. Ehe sie ins Kloster Disibodenberg kam, wurde sie bereits von ihren adligen Eltern, vor allem der Mutter, gefördert und geschützt; achtjährig dann nahm die Klausnerin Jutta von Spanheim sie in ihre Obhut, und auch diese Frau schien sich der seltenen Gabe Hildegards sehr wohl bewußt gewesen zu sein und hat ganz bestimmt ohne Scheuklappen zu ihrer Entwicklung beigetragen. Nur so ist die innige, jahrzehntelange Freundschaft zu erklären, welche die beiden Nonnen bis zum Tod der Älteren miteinander verband. Hätte Jutta dem mentalen Weiterkommen der ihr anvertrauten Novizin irgend etwas in den Weg gelegt, dann hätte Hildegard sich früher oder später zumindest innerlich von ihr abgewandt. Sie selbst schrieb aber, sie sei ihrer Mentorin zu tiefem Dank in sehr vielen Dingen verpflichtet, und das kann eigentlich nur heißen, daß sie von ihr auch Unterstützung bei der Ausbildung ihres paranormalen Talents erfuhr.

Eine Inklusin wie Jutta von Spanheim war dazu sogar wie kaum jemand sonst prädestiniert. Denn gerade diese Frauen führten – wenn auch vor christlichem Hintergrund – noch immer ein Dasein, das dem gewisser Priesterinnen der alten heidnischen Religion ähnelte. Im antiken Europa hatte es die Sibyllen gegeben, die vor allem in Griechenland und Italien oft in abgelegenen Höhlen lebten, wo sie meditierten und prophezeiten. Die la-tène-zeitlichen *Vates*[6] und ebenso die weisen Frauen der Germanen hatten sich zum selben Zweck vorzugsweise in heilige Haine zurückgezogen - und nichts anderes taten im Prinzip die mittelalterlichen Klausnerinnen auf ihre Weise. Auch sie suchten, um ihre mentalen Fähigkeiten voll entfalten zu können, die Einsamkeit, und wenn wir dazu zwei Quellen aus der Zeit Hildegards betrachten, dann sind die heidnischen Wurzeln solchen Tuns unmöglich mehr zu übersehen.

So lebte beispielsweise in der zweiten Hälfte des 11. Jahrhunderts, also nur zwei Generationen vor Hildegard, die später von der Kirche seliggesprochene Edigna. Es heißt von ihr, sie sei eine Angehörige des französischen Königshauses gewesen, die es nach Bayern verschlagen habe. In diesem einst keltischen Land habe sie sich - nahe eines Klosters bei der heutigen Stadt Fürstenfeldbruck - im hohlen Stamm einer Linde niedergelassen und habe in dieser natürlich gewachsenen Klause über viele Jahre hinweg „göttliche Erleuchtungen“ gehabt. Hier wird die heidnische sibyllinische Höhle, die in diesem Fall gleichzeitig heiliger keltogermanischer Sakralbaum ist, beinahe mit Händen greifbar. Die ungewöhnliche christliche Inklusin Edigna schlug quasi eine Brücke von den vorchristlichen Meditationstraditionen bis ins Mittelalter, und ihre „Erleuchtungen“ könnten sehr wohl einen ähnlichen Charakter getragen haben wie später diejenigen der Hildegard von Bingen.

Eine weitere Frau, welche derartig ungewöhnliche Praktiken pflegte, taucht in der berühmten Dichtung „Parzival“ des Wolfram von Eschenbach auf. Dieses Werk ist um das Jahr 1200 entstanden, und Wolfram erzählt darin die offenbar wahre Geschichte einer gewissen Sigune, die sich als Eremitin in einen einsamen Hain zurückzog, um dort wieder in Einklang mit dem Sinn des Lebens zu kommen. Auch sie nutzte also auf kontemplativem Weg die heilende und spirituell richtungweisende Kraft der Natur; sie handelte heidnisch, und Wolfram von Eschenbach, der im Innersten vermutlich Heide war, bietet genau diesen mentalen Erkenntnispfad als besonders sinnvoll an.

Als weise Frau, die gleichermaßen in dieser Tradition stand, könnte man nun durchaus auch Jutta von Spanheim sehen, welche in ihrer Klause - einer Art Höhle, die inmitten eines Gartens und damit letztlich abermals eines Haines lag - nichts anderes suchte als Edigna und Sigune: körperlichen und geistigen Einklang mit der Natur, die in vorchristlicher Zeit sehr zutreffend als Große Mutter oder Große Göttin bezeichnet wurde. Hildegard wiederum wurde von ihrer Mentorin nach und nach ebenfalls in diese spirituelle Richtung gelenkt, und auf diese Weise konnte sie sich zu der Prophetin entwickeln, die in ihren späteren Jahren so großen Eindruck selbst auf einen Papst machte.

Nach ihrem Tod im Jahr 1179 wurde sie sogar als Heilige verehrt; diese Vita war jedoch nur deswegen möglich geworden, weil die Seherin ihren Weg im Schutz des Klosters auf dem Disibodenberg und später in ihrer eigenen Gründung auf dem Rupertsberg gegangen war. Hätte Hildegard nach dem Verlassen der elterlichen Burg den Schleier nicht genommen, dann wäre ihr Leben als Sensitive möglicherweise schon frühzeitig und auf sehr tragische Weise beendet worden, denn der Grat zwischen Heiligenschein und Scheiterhaufen war, wie wir eingangs dieses Kapitels gesehen haben, zu jener Zeit ausgesprochen schmal.

Da Hildegard von Bermersheim aber das Glück hatte, gerade in ihren prägenden Jahren die Hilfe anderer erfahrener Frauen zu bekommen, vermochte sie ihr Werk zu vollenden und konnte als herausragende Visionärin des Mittelalters in die Geschichte eingehen.

WIE WEIT STAND HILDEGARD VON BINGEN IN DER TRADITION HEIDNISCHER SEHERINNEN?

In der griechischen und römischen Antike nutzten die legendären Sibyllen die „Ausstrahlung" gewisser Naturheiligtümer, um einen tranceartigen Bewußtseinszustand zu erreichen, der sie zu ihren Prophezeiungen befähigte. Meistens handelte es sich bei diesen „Tempeln der Weissagung" um Höhlen, in deren Innerem ein Menhir aufgestellt war. Dieser Stein markierte vermutlich einen Knotenpunkt von „Erdkräften", die in einer solchen Grotte besonders stark wirksam wurden, und wenn eine Sibylle genau dort meditierte, dann stimulierte dies ihre sensitive Wahrnehmungsfähigkeit.

Diese „Technik" der Zukunftsschau wurde über Jahrtausende hinweg nach gleichen oder zumindest ähnlichen Prinzipien im gesamten vorchristlichen Abendland angewandt; auf anderen Kontinenten praktizieren Schamanen sie teilweise bis heute. Es handelt sich also um eine uralte „Methode" der Präkognition, und die Menschen, die sie beherrschten, genossen in den heidnischen Gesellschaften sehr hohe Verehrung. Die Pythia von Delphi beispielsweise, die ihren Sitz über einer geheimnisvollen Erdspalte hatte, wurde als personifizierte „Stimme des Gottes Apoll" angesehen; die keltischen *Vates* wiederum standen im Fürstenrang.

Mit der Christianisierung Europas freilich wurde, wie so vieles andere, auch diese ehrwürdige Tradition des Prophe-

Die Pythia von Delphi

tentums verteufelt. Wer jetzt noch öffentlich die geheimnisvollen Naturkräfte nutzte, um mit ihrer Hilfe sein „Drittes Auge“ zu öffnen, wurde von den Priestern des Kreuzes verfolgt, so daß die jahrtausendealte Weisheit weitgehend verlorenging. Allerdings vermochte die Kirche sie nicht ganz auszurotten; da und dort überlebte das heidnische Wissen um die Verbindung zwischen bestimmten Naturkräften und menschlicher Psyche im Untergrund - und war damit auch in der Zeit der Hildegard von Bingen noch vorhanden.

Mehr noch: Gerade in manchen Klöstern des Mittelalters, die immer wieder auch als Refugien für Außenseiter der Gesellschaft dienten, wurden die alten spirituellen „Techniken“ heimlich weiterhin gepflegt. In Irland etwa war noch bis ins 12. Jahrhundert hinein die Grenze zwischen heidnischem Druidentum und christlicher Religion fließend. In vielen Abteien gab es die sogenannten *Culdees*, welche Reste von druidischer Weisheit und christlichen Glauben miteinander zu verbinden versuchten, und noch der berühmte Visionär und Bischof Malachias (1094 - 1148) nutzte das uralte einschlägige Wissen der *Vates*, um bis ins beginnende dritte Jahrtausend zu blicken und seine spektakuläre Papstprophezeiung abzugeben.

Wenn wir nun die Vita der Hildegard von Bingen unter diesem Aspekt betrachten, dann stellt sich heraus, daß auch diese herausragende Vertreterin der katholischen Kirche, die später ebenso wie Malachias sogar heiliggesprochen wurde, sehr wohl um die genannten heidnischen Traditionen wußte und sich der paganen Weisheit ähnlich wie der irische Bischof bediente. Jutta von Spanheim könnte darin, wie in so vielen anderen Dingen auch, ihre geistige und praktische Führerin gewesen sein. Mit Sicherheit hatte diese Frau nämlich ihre Lehren aus den einschlägigen Legenden gezogen, die mit dem Disibodenberg verknüpft sind und die besagen, daß es sich bei dieser Erhebung seit jeher um einen „heiligen Ort" handle - und womöglich war Hildegards Mentorin speziell aus diesem Grund gerade dort zur Klausnerin geworden.

Der Disibodenberg liegt am Zusammenfluß von Glan und Nahe; wir haben es damit zunächst mit einer topographischen Situation zu tun, wo das reichliche Vorkommen von „Wasseradern" vorausgesetzt werden kann. Solch unterirdische Ströme bündeln sogenannte „Erdstrahlen" - präziser ausgedrückt: elektromagnetische Kraftlinien -, weshalb Wünschelrutengänger an derartigen Orten heftige Ausschläge registrieren. Aber auch andere Sensitive reagieren auf dieses geophysikalische Phänomen, und wenn es sich um präkognitiv veranlagte Menschen handelt, dann können an solchen Plätzen unter Umständen spontane Visionen erfolgen.

Das ist aber im Fall des Disibodenberges noch nicht alles.

Eine der uralten Überlieferungen vermeldet nämlich, daß die Erhebung schon im siebten Jahrhundert besiedelt war – und zwar von einem Eremiten namens Disibod, der hier in der Abgeschiedenheit „Zwiesprache mit Gott" gehalten habe und fähig gewesen sei, „Wunder" zu tun. Moderne Linguisten können den Namen Disibod als iroschottisch identifizieren; bei dem Einsiedler handelte es sich infolgedessen um einen jener Wandermönche, die vom frühen sechsten bis zum späten achten Jahrhundert auf dem Kontinent missionierten und auch am Rhein ihre keltische Version des Christentums zu verbreiten versuchten.

Diese spezielle und im Gegensatz zum Katholizismus tolerante religiöse Ausrichtung korrespondierte aber nun sehr oft wieder mit dem Weg der *Culdees*, stellte also eigentlich eine Symbiose zwischen Heidentum und Christentum dar – und ein ganz wesentliches Element eines solchen spirituellen Pfades war das „Schöpfen" geistiger Kraft aus der Natur. Dies geschah logischerweise an Plätzen, wo die Energiefelder der Erde besonders stark waren; der iroschottische Wandermönch Disibod wählte also den Berg, der später nach ihm benannt wurde, exakt aus diesem Grund aus. Die „Erdstrahlen", die dort – vielleicht in extremer Weise an einem ganz bestimmten Punkt gebündelt – wirksam waren, befähigten ihn dann zu dem, was einfachere Gemüter anschließend als „Wunder" bezeichneten; in Wahrheit ereigneten sich im siebten Jahrhundert auf dem Disibodenberg paranormale Phänomene, so wie sie gerade den keltischen Missionaren auch anderswo zugeschrieben werden.

Nach dem Tod des mutmaßlichen *Culdees* blieb die Erinnerung daran im Volk haften, und in den folgenden Jahrhunderten fanden sich wohl immer wieder sensitive Menschen, welche die außergewöhnliche Natur des Platzes, auf dem die Eremitenklause gestanden hatte, erkannten: die

Gründer eines lange vor der Zeit Hildegards wieder abgegangenen und dann eines weiteren Klosters; schließlich mit ziemlicher Sicherheit auch Jutta von Spanheim, die dort als Inklusin lebte und Hildegard von Bermersheim in das Geheimnis des Disibodenberges einführte.

Wenn das so war, dann lernte Hildegard die „Ausstrahlung" des Ortes bereits als Jugendliche zu nutzen; das nötige PSI-Talent war ihr, wie wir wissen, ohnehin in die Wiege gelegt worden. Jetzt bildete sich ihre paranormale Gabe von Jahr zu Jahr stärker aus; es erfolgte quasi eine Art psychischer und gleichzeitig physischer „Rückkoppelung" zwischen ihrem Geist und der geophysikalisch herausragenden Lokation, wo sie aufgrund einer besonderen Fügung, die kein bloßer Zufall gewesen sein kann, heranwuchs und zur jungen Frau wurde. Das „überirdische Licht", das sie zuweilen schon als Jugendliche erblickte, könnte so etwas Ähnliches wie eine „Widerspiegelung" jener elektromagnetischen „Erdkräfte" gewesen sein, für die normale Menschen blind sind. Ebenso ist es denkbar, daß ihre häufigen Schmerzen und Krankheiten körperliche Reaktionen auf die mentalen Belastungen der heranreifenden Seherin darstellten; derartige Phänomene jedenfalls sind durchaus auch von anderen Sensitiven bekannt.

Wenn es sich nun aber beim Disibodenberg um ein spirituelles „Kraftzentrum" handelt, dessen Einfluß Hildegard von Bermersheim zu ihren spektakulären Schauungen befähigte, dann müssen logischerweise auf dem Rupertsberg vergleichbare oder sogar noch gravierendere „andersweltliche Verhältnisse" geherrscht haben. Denn im Kloster auf dem Hügel über Bingen kulminierte Hildegards Gabe; hier brachte sie ihre „Scivias" zur Vollendung und durchlitt dabei jene Visionen, die sich auf die fürchterlichen Geschehnisse im dritten Jahrtausend beziehen.

Betrachtet man die Biographie der „Prophetissa Teutonica“ unter diesem Aspekt, so fällt zunächst auf, daß Hildegard den Ort für die Gründung ihrer Abtei selbst aussuchte. Erst nachdem sie mehrere andere mögliche Plätze verworfen hatte, entschied sie sich für den Rupertsberg - und das aus sehr guten Gründen. Auf dieser Hügelkuppe nämlich befanden sich, wie ebenfalls aus Hildegards Vita hervorgeht, die Ruinen eines „kleinen Heiligtums“. Mitte des 12. Jahrhunderts wußte man auch noch, daß dieses Sakralgebäude - eine Kapelle, eine bescheidene Kirche oder dergleichen - Anno 893 während eines Einfalles der damals noch heidnischen Normannen zerstört worden war. Weiter nannte die Fama den Namen eines gewissen „Herzogs Rupert“, welcher einst, noch ehe das „Heiligtum“ zu seinem Andenken errichtet wurde, an der fraglichen Stelle gelebt und Kranke und Verkrüppelte geheilt haben sollte.

Wenn das Gebäude nun aber bereits 893 wieder in Ruinen lag und sich andererseits zu diesem Zeitpunkt längst die Rupertslegende um den Sakralbau gebildet hatte, dann muß dieser Rupert logischerweise sehr lange zuvor auf dem später nach ihm benannten Berg gewirkt haben. Auch sein Titel Herzog weist darauf hin, denn dieser Adelsrang wurde von den Karolingern Ende das achten Jahrhunderts abgeschafft; erst im zehnten Jahrhundert führten die Ottonenkaiser ihn wieder ein. Rupert kann infolgedessen eigentlich nur ein merowingischer Herzog des siebten oder frühen achten Jahrhunderts gewesen sein; damit lebte er in einer noch halbheidnischen Epoche. Dies wiederum bedeutet, daß ihm das alte pagane Wissen um Naturheiligtümer und ihre besonderen Kräfte alles andere als fremd war - am Ende der Indizienkette ergibt sich also ungefähr folgende Kurzbiographie:

Jener Rupert war ursprünglich ein merowingischer Herzog; entweder ein Heerführer, der nach germanischem Recht nur für die Dauer eines Kriegszuges gewählt worden war, oder aber ein Adliger, den der König mit der Verwaltung einer Provinz betraut hatte. Irgendwann in seinem Leben legte dieser Mann die Insignien seiner Macht ab und gab seinem Dasein eine völlig andere Ausrichtung. Am wahrscheinlichsten ist eine Hinwendung zum Christentum in seiner kontemplativen, von den iroschottischen Wandermönchen in Mitteleuropa verbreiteten Form; nur so ist zu erklären, warum Rupert jetzt als Einsiedler auf einem Berg über dem Rheintal lebte.

Diese Erhebung wiederum hatte sich der ehemalige Herzog sehr gezielt ausgesucht. Wie es in der Legende heißt, galt sein „ganzes Bestreben" der Pflege und Heilung von Kranken und Verkrüppelten - und da ihm die Mittel der modernen Medizin nicht zur Verfügung standen, kann er einzig Naturheilkunde betrieben haben. Dazu aber nutzten die Eingeweihten der fraglichen Zeit sehr wohl noch das erprobte heidnische Wissen und übten ihre menschenfreundliche Tätigkeit infolgedessen an ehemals paganen „heiligen" Plätzen aus, was in der ursprünglichen etymologischen Bedeutung des Wortes einen heilkräftigen Ort meint. Der Hügel, der später als Rupertsberg bezeichnet wurde, ist damit, genau wie der Disibodenberg, als geophysikalisches „Kraftzentrum" erkannt; auch hier - im Spannungsfeld zwischen massivem Fels und rasch strömendem Rheinwasser - existierten oder existieren bis heute besonders starke elektromagnetische Knotenpunkte. Diese Energiefelder können bei richtiger Anwendung unter anderem therapeutische Wirkung haben.

Irgendwann nach dem Tod Ruperts errichtete man eine Kapelle oder kleine Kirche an der Stelle, wo einst seine Klause gestanden hatte. Der Platz wurde wohl zu einer christlichen Wallfahrtsstätte und bestand bis zum Jahr 893, als er während eines Normannenüberfalls geschleift wurde. Und selbst diese scheinbar barbarische Tat könnte noch einmal ein Indiz dafür sein, daß es sich bei der Lokation auf dem Rupertsberg tatsächlich um ein uraltes heidnisches Heiligtum handelte. Die Wikinger nämlich, welche im späten neunten Jahrhundert nach wie vor die alten Götter verehrten, wollten den Ort, den sie als pagan erkannt hatten, eventuell lediglich von der christlichen Überbauung befreien und ihn so reinigen; dies vielleicht um so mehr, als das Christentum ihrer Zeit längst auf sehr aggressive Weise dazu übergegangen war, heidnische Kultplätze zu vereinnahmen und sie damit spirituell zu zerstören, auch wenn ihre geophysikalisch relevante Ausstrahlung erhalten blieb.

Diese seltene Bündelung von „Erdstrahlen“ scheint nun Jahrhunderte nach Rupert die Visionärin Hildegard von Bingen wiedererkannt zu haben. Das – nach unserem ausführlichen Ausflug in die Geschichte des Rupertsberges

Kloster Rupertsberg (zerstört 1632)

wird es um so deutlicher - war der tiefste Grund dafür, daß die sensitive Frau ihr Kloster genau dort erbaute. Ebenso wie auf dem Disibodenberg wollte sie auch hier die „Erdkräfte“ nutzen, die ihre PSI-Fähigkeit unterstützten, und wie ihre Vita beweist, hatte sie damit außerordentlichen Erfolg. Auf dem Rupertsberg hoch über dem Ort Bingen erreichte Hildegard ihre volle prophetische Potenz und konnte so zu einer deutschen „Sibylle“ werden.

Ohne Zweifel schöpfte sie dabei aus heidnischen Quellen, denn die parapsychologische Wirkung der „Erdstrahlen“ an dem bewußten Platz war lange vor ihr und dem Eremiten Rupert bereits paganen Initiierten bekannt gewesen. Es ist durchaus möglich, daß auf der Anhöhe über dem Rhein schon keltische *Vates* oder germanische Schamaninnen weissagten, die im Prinzip die gleichen „Techniken“ anwandten wie die südeuropäischen Sibyllen. In dieser Tradition stand auch Hildegard von Bingen, und wenn wir nun die Art, wie sie ihre Visionen erlebte, mit dem vergleichen, was wir wiederum über die antiken Sibyllen wissen, dann wird eine weitere frappierende Übereinstimmung deutlich.

Der griechische Philosoph Heraklit von Ephesus, dem wir eine ganze Reihe von Informationen über die römischen und griechischen Seherinnen verdanken, schilderte deren Auftreten um das Jahr 500 v. d. Z. so: „Die Sibylle spricht mit rasendem Mund, ohne Lachen, ohne Schminke und ohne Myhrren und dringt vermöge göttlicher Hilfe mit ihrer Stimme durch Jahrtausende.“ Heraklit stellte also dezidiert klar, daß die antiken Visionärinnen rein verbal agierten, obwohl sie als gebildete Frauen sicherlich auch dazu fähig gewesen wären, ihre Schauungen niederzuschreiben. Die ihnen eigentümliche Art, zu prophezeien, bestand aber offenbar darin, das, was sie „sahen“, im gleichen Moment wie gehetzt wiederzugeben; Zeugen notierten die Orakelsprüche dann und überlieferten sie so der Nachwelt. Auf exakt dieselbe Weise „arbeitete“ aber nun auch Hildegard von Bingen, wie das folgende Selbstzeugnis beweist:

> *„Ich sehe, höre und weiß gleichzeitig, und das, was ich weiß, erfasse ich wie in einem einzigen Augenblick. (...) Wenn ich eine Schau erlebe, so sind die Worte nicht wie Worte, die aus dem Mund eines Menschen kommen, sondern wie eine heranzuckende Flamme. (...) Solange ich es sehe, sind alle Bedrückung und Qual fern von mir; ich bin dann erneut wie ein junges Mädchen und nicht wie eine alte Frau. (...) Ich bin, als sei ich eine andere, und ich vergesse alle Schmerzen und Hemmungen. Meine Seele trinkt wie aus einer Quelle; die überströmende Quelle aber bleibt stets unerschöpflich.“*

Auch die deutsche Prophetin „sprudelte“ ihre Schauungen offenbar förmlich aus sich heraus; auch ihr waren die Weissagungen nur verbal möglich, und es geschah, wie sie selbst sagt, so intensiv, daß sie „alle Hemmungen vergaß“. Zwar versuchte sie in jungen Jahren, ihre Visionen später aus der Erinnerung niederzuschreiben, hatte damit aber große Schwierigkeiten, wie sie selbst und ihre Biographen berichten. Erst als sie die Methode wählte, derer sich auch die antiken Sibyllen bedient hatten, und dazu überging, ihre Visionen sofort zu diktieren, waren die Resultate wirklich befriedigend. Genau aus diesem Grund hatte sie jahrzehntelang, wann immer möglich, stets einen ihrer Sekretäre bei sich: zunächst den Mönch Volmar, dann Wibert von Gembloux, und in dieser „klassischen“ Symbiose - Prophetin „mit rasendem Mund“ und mit fliegender Feder mitschreibender Skribent - entstand das erstaunliche Werk „Scivias“.

Dies ist um so ungewöhnlicher, als derartige Praktiken so gar nicht in die Atmosphäre eines mittelalterlichen Klosters paßten. Hildegard hingegen scheint statt dessen auf dem Disibodenberg und später auf dem Rupertsberg dem „Genius Loci“ gehorcht zu haben: dem jahrtausendealten heidnischen Geist dieser Lokationen, die vormals pagane Heiligtümer gewesen waren und gerade von daher selbst auf die christliche Nonne noch wirkten. Die „Prophetissa Teutonica“ wiederum war unvoreingenommen genug, daran nichts Abwegiges zu sehen - und dies machte sie zusätzlich zu einer Frau, die spirituell wahrhaftig bedeutend war.

Wahre geistige Größe freilich äußert sich stets auch darin, daß das Großartige und Erhabene im Kleinen und scheinbar Niedrigen erkannt wird. Nur so kann der Sinn der uralten heidnischen Weisheit „Wie oben, so unten“ begriffen und die begrenzte menschliche Erkenntnisfähigkeit in Einklang mit dem umfassenden kosmischen Gesetz gebracht werden, damit sie - bis hinein in den visionären Bereich - aus dieser Quelle zu schöpfen vermag. Und auf dieser spirituellen Ebene war Hildegard von Bingen ebenfalls Meisterin, wie wir im folgenden Kapitel sehen werden.

PFLANZEN, STEINE UND STERNKUNDE: DER NATURMYSTISCHE ERKENNTNIS-PFAD DER MITTELALTERLICHEN PROPHETIN

„Was der Saft im Baum ist, das ist im menschlichen Körper die Seele, und sie entfaltet ihre Kräfte ebenso wie der Baum seine Gestalt. Menschliche Einsicht gleicht dem Grün der Zweige und Blätter, menschlicher Wille ist den Blüten ähnlich. Das Sehnen und Empfinden ist der jungen Frucht zugeordnet; das klare, vom Verstand getragene Begreifen hat seine Entsprechung in der reifen Frucht. Die Erkenntnis des Ganzen mit allen Sinnen schließlich gleicht der Größe des Baumes in seiner gesamten Höhe und Breite."

Diese Sätze der Hildegard von Bingen finden sich in ihrem Werk „Causae et Curae" („Vom Wesen und von der Heilung der Krankheiten"), und sie drücken in prägnanter Kürze den Kern einer ganzen Philosophie aus: Alles Leben ist aufs engste miteinander verknüpft und korrespondiert ununterbrochen miteinander. Pflanzen, Tiere, Mineralien und Menschen sind letztlich nur Facetten des einzigen Ganzen: einer planetarischen und kosmischen Einheit, deren Geist - das Göttliche - ohne irgendeinen Unterschied sowohl im Größten als auch im Kleinsten wirkt.

Was die mittelalterliche Äbtissin hier sagt, ist abermals nicht christlich, sondern heidnisch; letztlich geht es um ein pantheistisches Weltbild, das die von der Bibel gepredigte und in der Praxis so verderbliche „hierarchische Theologie", wonach der Mensch „Krone der Schöpfung" sei und er sich „die Erde untertan machen" solle, aufhebt. Hildegard proklamiert im Gegensatz dazu eine „Kosmologie des gleichwertigen Miteinander"; im Grunde vertritt sie damit eine Metaphysik, wie sie lange vor ihr bereits von den keltischen Druiden gelehrt und gelebt wurde. Von diesen „Großen Wissenden" der europäischen Antike aber ist bekannt, daß sie ihre außerordentlich hochstehende Philosophie vor allem deswegen zu entwickeln vermochten, weil sie die Natur, ihre Große Mutter, als Lehrerin annahmen - und denselben Weg ging ohne jeden Zweifel auch Hildegard von Bingen, denn nur so konnte sie zu jener tiefen Einsicht gelangen, die sie in ihrem Buch „Causae et Curae" ausdrückte.

Betrachten wir nun wieder die Biographie der Prophetin, dann wird diese Methode, Erkenntnis aus der Natur zu schöpfen, auf Schritt und Tritt greifbar. Bereits in ihren Kindheits- und Jugendjahren auf dem Disibodenberg war Hildegard durch Jutta von Spanheim zur Gartenarbeit und damit zur Betrachtung des Aufblühens, Reifens und Vergehens der Kräuter angehalten worden. Dadurch aber verinnerlichte die Heranwachsende nicht nur den Lebenskreislauf der Pflanzen, sondern gewann zusätzlich - wenn auch zunächst wohl noch unbewußt - erste Einblicke in einen natürlichen Zeitzyklus.

Um andere derartige Zyklen ging es bei den astronomisch-astrologischen Studien, die Hildegard von Bermersheim ebenfalls bereits seit ihrer Jugend betrieb und als erwachsene Frau vervollkommnete. Wenn sie sich mit den Planetenbahnen und „Tierkreisen" beschäftigte oder zum nächtlichen Sternenhimmel blickte und dabei meditierte, erschlossen sich ihr ganz sicher weitere Einsichten über die Zusammenhänge von Raum, kosmischer Energie und Zeit. Die Methode, die sie dabei anwandte, bestand vermutlich aus einer Kombination von rationaler Beobachtung, beziehungsweise Reflexion der Vorgänge am Firmament - und andererseits damit verbundenen intuitiven Assoziationen, die bis in den metaphysischen Bereich hineinreichen konnten.

Wir werden uns mit dieser mystischen Ebene, auf der Hildegards Präkognitionen anzusiedeln sind, gleich noch ausführlicher beschäftigen; vorerst weitere Indizien, die Hinweise auf den geistigen Weg (mit seinen faszinierenden praktischen Auswirkungen) geben, den die reifende Visionärin beschritt. In zahlreichen Büchern über sie wird zum Beispiel deutlich gemacht, daß sie als eine Meisterin der Pflanzenheilkunde galt; konkret bedeutet das: Die Äbtissin war auch imstande, verborgene Wechselwirkungen zwischen humaner und floraler Physis zu erkennen, so daß sie Kranken auf vielfältige Weise und bedeutend besser als die meisten anderen Ärzte ihrer Zeit zu helfen vermochte.

Der Schlüssel dazu war abermals ihr Wissen um die innige Verbindung aller Erscheinungsformen des Lebens, die sich in erstaunlich vielfältiger Weise gegenseitig beeinflussen, und diese Verflechtung wird auch im „Verhältnis" zwischen Mensch und Mineralien wirksam. Seit Jahrtausenden ist bekannt, daß sich die „Ausstrahlung" gewisser edler Steine positiv auf die menschliche Psyche und Physis auswirken kann: sie beruhigen, regen die Aktivität an, fördern die Konzentration oder stabilisieren die Gesundheit. Hildegard von Bingen nun nutzte auch dieses Wissen, um ihren Nächsten Gutes zu tun; ebenso profitierte sie aber selbst von dieser Art der „real praktizierten Weisheit", denn einmal mehr gelang ihr dadurch ein intellektuell-intuitiver Vorstoß in jene tieferen Schichten menschlicher und planetarischer Existenz, wo die „äußerlichen" Naturgesetze scheinbar aufgehoben sind. In Wahrheit jedoch treten sie in einer anderen Dimension umfassender als in der sichtbaren, alltäglichen Welt zutage; sie manifestieren dort Kräfte, die im „diesseitigen“ Bereich nur für Eingeweihte greifbar sind.

In vielen verschiedenen Bereichen beobachtete Hildegard also die Natur, verinnerlichte deren offenkundige und verschlüsselte Gesetze und lernte auf diese Weise mehr als die meisten anderen Menschen ihrer Epoche. Zuletzt, als sie „wie der Baum in seiner ganzen Höhe und Breite“ war, konnte sie von daher auch die „ganze Höhe und Breite“ der Zeit erkennen. Dies war ihr deswegen möglich, weil auch der Ablauf der Zeit letztlich Emanation der geistbeseelten Materie ist, welche die unendlich vielen Erscheinungsformen des Lebens hervorbringt - und weil es zudem unterschiedliche Zeitebenen gibt, die wiederum mit den verschiedenen Dimensionen des Daseins korrespondieren. Verständlicher ausgedrückt: Wer die Zeit wahrhaftig begreift, weiß, daß sie sich jenseits der „realen Welt“, wo sie als chronologisch beobachtet wird, auch in andere Richtungen bewegen kann, so daß die Grenzen zwischen Vergangenheit, Gegenwart und Zukunft durchlässig werden - und künftige Ereignisse von inspirierten Menschen deshalb lange vor ihrem Eintreffen erschaut werden können.

Im 20. Jahrhundert gelangte Albert Einstein auf physikalisch-mathematischem und teils sogar experimentellem Weg zu dieser Erkenntnis; der mittelalterlichen Nonne waren diese Pfade natürlich noch verschlossen. Hildegard von Bingen fand jedoch eine andere Möglichkeit, um das, was sie durch ihre intensiven Naturbeobachtungen sowie ihre Meditationen über die innerste „Natur der Dinge“ herausgefunden hatte, zu einem geschlossenen geistigen Gebäude zusammenzufügen, damit sie die gewonnene Weisheit dann in der Praxis um so wirksamer anwenden konnte. Es handelte sich in ihrem Fall um den Weg der Mystik, worunter sich kaum ein moderner Mensch etwas vorzustellen vermag und damit höchstens irgendwelche religiösen Verzückungen oder dergleichen assoziiert. Sofern man aber ein wenig tiefer nachforscht, wird schnell deutlich, daß die Äbtissin offenbar in einer sehr faszinierenden spirituellen Welt lebte.

Gelegentlich wird die mittelalterliche Mystik heute als „buddhistische Ausrichtung" innerhalb des damaligen Christentums bezeichnet. Im Prinzip betrieben Mystikerinnen wie Hildegard von Bingen Meditation auf außerordentlich hohem Niveau und strebten dabei das gleiche an wie der indische Erleuchtete Siddharta Gautama: ein möglichst tiefes Einswerden mit dem ewigen und grenzenlosen Geist des Kosmos. Wenn dies einem Adepten gelang, sprengte sein Bewußtsein die irdischen Fesseln und weitete sich in normalerweise unzugängliche mentale Dimensionen aus. Immer wieder ist in den Texten der Mystiker die Rede von unbeschreiblichen Klangkaskaden, die gleichermaßen Musik und Materie seien; ebenso wird von einem „überirdischen Licht" berichtet, das in seiner Intensität und Schönheit kaum zu ertragen sei.

Hildegard von Bingen beschreibt dieses „jenseitige" Leuchten gleich zu Beginn ihres Werkes „Scivias" so:

„Aus dem weit geöffneten Himmel fuhr ein blitzendes, feuriges Licht herab. Es durchströmte mein Gehirn und setzte mein Herz sowie die ganze Brust gleich einer Flamme in Brand. Dennoch verbrannte es mich nicht; es war vielmehr nur so heiß, wie die Sonne einen Gegenstand erwärmt, auf den ihre Strahlen fallen."

Dieses aus extrasensorischen Bereichen kommende Strahlen nun, das die rheinische Mystikerin im Lauf ihres Lebens und aufgrund regelmäßiger Übung wohl immer problemloser „herbeizurufen" lernte, hatte bei ihr unter anderem den folgenden Effekt, den sie wiederum mit ihren eigenen Worten schildert:

> *„Ganz nach dem Willen Gottes erhebt sich meine Seele bei diesem Schauen entweder zur Höhe des Firmaments und in die wechselnden Luftbereiche empor, oder aber meine Seele weitet sich aus bis zu den unterschiedlichsten Völkern der Erde. Dies geschieht, obwohl jene Völker sich teils in sehr weit entfernten Gegenden und an mir völlig unbekannten Orten befinden. Dennoch erschaue ich das alles in meiner Seele, wobei ich es so erblicke, als würden die Formen von Wolken sich verändern oder andere Formen der Schöpfung unablässig ihre Gestalt wechseln."*

Diese Aussagen sind erstaunlich präzise und haben, bei genauer Betrachtung, gar nichts mit dem zu tun, was man landläufig unter Mystizismus versteht. Statt dessen beinhalten sie sehr konkrete Informationen über die Natur von Hildegards Visionen. Sie ordnet diese geographisch und anthropologisch (ferne Gegenden und unterschiedliche Völker) ein und macht zudem eine genaue Angabe über den optischen Ablauf der Schauungen. Deren Bilder nämlich erscheinen ihr wie das Wechselspiel dahintreibender Wolken; ein Geschehnis schiebt sich über das andere, beziehungsweise ergibt sich aus dem vorhergehenden.

Diese Beschreibung geht weitgehend konform mit dem, was andere Hellseher über den Ablauf ihrer Visionen aussagten. Alois Irlmaier etwa, ein Prophet aus der ersten Hälfte des 20. Jahrhunderts, sprach von einem „Wirbel" künftiger Ereignisse; hinter einer Art von Nebelschleier erkannte er in schneller Folge Menschen, Landschaften oder Städte der Zukunft. Und der noch lebende Bauer aus dem österreichischen Waldviertel, der in beklemmenden Weissagungen sehr detaillierte Szenen eines Dritten Weltkrieges preisgab, erklärte einmal, daß eine Art Film vor seinen offenen Augen ablaufe, wobei der Rand seines Blickfeldes nach wie vor die Realität zeige, während die Präkognitionen selbst sich gleichzeitig im Zentrum seiner Pupillen abspielten.

Auf ihrem mystischen Erkenntnispfad erreichte Hildegard von Bingen infolgedessen dieselbe extrasensorische Wahrnehmungsfähigkeit wie die genannten Sensitiven des ausgehenden Jahrtausends, wodurch allein sie sich bereits als wahrhaft Eingeweihte ausgewiesen hätte. Doch die oben zitierten Zeilen über die Natur ihrer Schauungen enthalten einen noch frappierenderen Beweis für ihre Hellsichtigkeit. Sie schreibt nämlich, ihre Seele hebe sich „in die wechselnden Luftbereiche“ empor, und das kann nun eigentlich nur bedeuten, daß sie sich aufgrund ihres paranormalen Könnens der Existenz von Troposphäre, Stratosphäre und Mesosphäre bewußt war, obwohl diese unterschiedlichen Schichten der Atmosphäre erst in der Moderne entdeckt wurden.

Der mystische Weg, den die rheinische Nonne beschritt, hatte also in letzter Konsequenz weniger mit religiöser Verzückung als vielmehr mit einer tiefen, zu ihrer Zeit anders nicht erreichbaren Einsicht in die Naturgesetze zu tun – und dies wiederum ist kein Wunder, wenn wir uns nun wieder daran erinnern, daß Hildegard ja zunächst einmal aufgrund präziser Naturbeobachtung dorthin geführt worden war. Zusammenfassend läßt sich damit sagen: Die „Prophetissa Teutonica“ gelangte durch ein tiefes Erfassen und Verinnerlichen der sichtbaren Welt auf eine Erkenntnisebene, die es ihr ermöglichte, geistig dermaßen innig in Einklang mit den unsichtbaren Dimensionen des Daseins zu kommen, daß sie letztlich aus dem zu schöpfen vermochte, was sie als „Gott" oder „göttliches Licht" bezeichnete: aus jenem höheren kosmischen Bewußtsein, in dessen Rahmen die alltäglichen Grenzen von Zeit und Raum aufgehoben sind. Infolgedessen wurde auch ihr Blick grenzenlos, und ihr „Drittes Auge" konnte die Schranke durchdringen, welche gewöhnlichen Menschen den Blick in die Zukunft verwehrt.

Um dieses Ziel zu erreichen, wählte Hildegard von Bingen den Pfad der Mystik, weil er der einzige war, der ihr im christlichen Mittelalter zur Verfügung stand; nur ihn durfte sie einschlagen, wenn sie nicht Gefahr laufen wollte, als Ketzerin verfolgt und womöglich ermordet zu werden. Ihre Naturmystik stellte quasi ein geistiges Biotop dar, das von einer ansonsten engstirnigen und intoleranten Kirche geduldet wurde, nachdem sich vor der rheinischen Äbtissin bereits andere Mystiker als für den Glauben wertvolle Persönlichkeiten erwiesen hatten. Allerdings beinhaltete dieser spirituelle Weg eine Gefahr: Weil seine Adepten sich in ihren Äußerungen stets innerhalb der Grenzen christlicher Dogmatik zu halten hatten, drohte jederzeit der Absturz in biblische Denkschablonen und damit der Verlust echter, aus völliger mentaler Freiheit geborener Erkenntnis.

In Hildegards Werk „Scivias" wird dieses Handikap sehr deutlich greifbar. Die darin enthaltenen Präkognitionen stellen insgesamt nur einen kleinen Teil des gesamten Textes dar. Ansonsten besteht das umfangreiche Buch aus einer Fülle rein religiöser Passagen, die zwar manchmal den Anschein erwecken, als handle es sich um Weissagungen; in Wahrheit jedoch haben wir es hier lediglich mit theologischen „Versatzstücken" zu tun. Deren Herkunft wiederum ist leicht zu erkennen; vielfach stand ganz ohne Zweifel die „Geheime Offenbarung" des Johannes von Patmos Pate, die am Ende des ersten Jahrhunderts niedergeschrieben wurde und den abschließenden Teil des christlichen „Neuen Testaments“ bildet.

Wahrscheinlich war es so, daß Hildegard von Bingen über diese Johannes-Apokalypse ebenso meditierte wie über die Natur von Pflanzen und Steinen, weshalb dann zahlreiche Metaphern daraus in ihre eigenen Schriften einflossen. So etwas war bei Mystikern durchaus üblich; sie spielten quasi mit den vorgegebenen Bildern: versuchten, deren verschiedenartige Facetten zu erkennen und daraus eigene spirituelle Einsichten abzuleiten. Stets ging es dabei aber um religiöse Erleuchtungen und nicht um Präkognition.

Wenn beispielsweise sowohl in der „Offenbarung“ als auch im einen oder anderen Text Hildegards die Rede vom „Himmlischen Jerusalem“ ist – einer manchmal durchaus futuristisch anmutenden Stadt, die in ferner Zukunft den strahlenden Mittelpunkt der Welt bilden werde –, dann darf dies nicht als tatsächliche Wahrschau mißverstanden werden. Vielmehr wird in diesem Bild die theologische Sehnsucht nach einem weltweiten Sieg des Christentums ausgedrückt.

Ähnliches gilt für den häufig gebrauchten Begriff „Harmageddon“. In der christlichen Theologie ist darunter die sogenannte Parusie zu verstehen: die vorgebliche Wiederkunft Christi am „Jüngsten Tag“, die im Glauben der katholischen Kirche eine zentrale Rolle spielt. Nach „weltlichem“ Sprachgebrauch hingegen steht „Harmageddon“ für eine reale Globalkatastrophe, wie sie von vielen Hellsehern teils mit schrecklichen Einzelheiten vorhergesagt wurde. Der „Jüngste Tag“ der Johannes-Apokalypse hat mit dem, was echte Präkognitive erschauten, nichts zu tun, und unter der gleichen Voraussetzung müssen auch zahlreiche weitere in „Scivias“ auftauchende Metaphern interpretiert werden.

Ebenso wie die „Geheime Offenbarung" ist also auch das Werk der mittelalterlichen Nonne über weite Passagen hinweg eher mystische Predigt auf hohem poetischen Niveau als tatsächliche Prophezeiung, obwohl „Scivias" gewöhnlich in seiner Gesamtheit als „visionäres" Werk hingestellt wird. Die Kommentatoren, die das tun, unterscheiden dann leider nicht zwischen religiösen „Visionen", in denen es letztlich nur um Verzückungen des Glaubens geht, und tatsächlichen Weissagungen.

In Wahrheit sind bei Hildegard von Bingen theologische Aussagen und wertfreie Präkognitionen eng miteinander verknüpft, und es bedarf deshalb einiger „Detektivarbeit", um das eine vom anderen zu trennen. Vielleicht ist dies auch deswegen so, weil Hildegard selbst daran gelegen war, ihre hochbrisanten Prophezeiungen zu tarnen; es könnte zu ihrer Zeit und in ihrem Fall schlicht Selbstschutz gewesen sein. Um so brisanter freilich sind die Ergebnisse, wenn man sozusagen die Spreu vom Weizen scheidet, denn hinter dem Schleier der religiösen Mystik tauchen dann plötzlich Bilder aus dem dritten Jahrtausend auf, wie sie im 12. Jahrhundert wahrlich nur einer echten Zukunftsseherin greifbar werden konnten.

DIE WEISSAGUNGEN
DER HILDEGARD VON BINGEN
FÜR DAS DRITTE JAHRTAUSEND

Die moderne Taschenbuchausgabe des Werkes „Scivias“ umfaßt rund 600 Seiten und ist in drei Teile gegliedert. Präkognitiven Charakter tragen das elfte und zwölfte Kapitel des dritten „Buches“, denen die mittelalterliche Prophetin die Titel „Das Ende der Zeiten“ und „Der Tag der großen Offenbarung“ gab. Die beiden Kapitel enthalten zusammen 57 kurze Texte; bei einem Teil davon handelt es sich zweifellos um echte Visionen, während andere Passagen diese Schauungen von einer theologisch-mystischen Warte aus kommentieren. Die prophetischen Aussagen wurden daher vom Autor aus dem religiösen Kontext herausgelöst. Sie wurden entweder nach verschiedenen vorliegenden Übersetzungen aus dem Lateinischen (siehe Literaturverzeichnis) zitiert, beziehungsweise eigenständig in zeitgemäßes Deutsch übertragen und außerdem interpretiert.

Der so entstandene Weissagungs-Kanon gliedert sich wiederum in drei inhaltlich unterschiedliche Teile. Der erste, der unter der Überschrift „Die fünf Tiere der Zeit“ vorgestellt wird, gibt einen historischen Überblick von der Epoche Hildegards bis etwa zum Jahr 2100; in ihm sind naturgemäß auch bereits eingetroffene Schauungen enthalten. Der zweite Abschnitt „Vom Sturz des Stuhles Petri“ beschäftigt sich mit dem Untergang der katholischen Kirche, beziehungsweise der christlichen Religion insgesamt. Im dritten und letzten Teil schließlich, der den Titel „Die Apokalypse“ trägt, schildert die Visionärin eine Globalkatastrophe von unvorstellbaren Ausmaßen, bei der es offenbar auch zu einem Kippen der Erdachse kommt.

Die fünf Tiere der Zeit

Dann blickte ich nach Norden, und siehe: Es standen dort fünf wilde Tiere. Das erste war wie ein feuerfarbener, aber nicht brennender Hund. Eines war wie ein Löwe von dunklem Gelb, ein anderes glich einem fahlen Roß. Das nächste war einem schwarzen Schwein ähnlich und ein weiteres einem grauen Wolf.
Sie drehten sich in westlicher Richtung. Und dort im Westen erschien vor diesen Tieren so etwas wie ein Berg mit fünf Gipfeln. Aus dem Rachen jedes einzelnen der Tiere erschien ein Seil und reichte bis zu je einem Gipfel des Berges. Alle diese Seile waren von schwärzlicher Farbe, mit Ausnahme des einen Seils, das aus dem Rachen des Wolfes kam. Dieses schien halb schwarz, halb weiß zu sein.
Und ich vernahm eine Stimme vom Himmel, die zu mir sprach: Alles auf Erden strebt seinem Ende entgegen, denn die Welt ist durch das Schwinden ihrer Kräfte zu einem Ende bestimmt, und sie wird von vielen Drangsalen und Katastrophen erdrückt und gebeugt. Das besagt auch die Vision, welche du schaust. Du blickst nämlich nach Norden, und siehe: Dort stehen fünf wilde Tiere. Das sind die dahineilenden fünf Reiche der Welt, die in der Gier des Fleisches leben und an denen der Makel der Sünde hängt, so daß sie wild gegeneinander wüten.

***

Das erste davon ist wie ein feuerfarbener, aber nicht brennender Hund. Dies ist so, weil jene Epoche bissige Menschen ausgebären wird. Sie selbst sehen sich zwar als reines Feuer an, aber sie sind nicht in der göttlichen Gerechtigkeit entbrannt.

***

Und eines ist wie ein Löwe von dunklem Gelb. Dies ist so, weil jene Epoche kampflüsterne Menschen hervorbringen wird. Sie werden zahlreiche Kriege vom Zaun brechen, aber dabei nicht das göttliche Recht beachten. Und bald beginnen diese Reiche in dunkelgelber Farbe zu verwelken.

***

Ein anderes gleicht einem fahlen Roß. Dies ist so, weil jene Epoche eine Flut sündiger Ausschweifungen ausgebärt, welche in ihrer hemmungslosen Gier die ihnen entgegenstehende Kraft der Tugend überwältigen werden. Deshalb wird das Herzstück dieser Reiche in der Blässe seines Niedergangs zerbrochen; es wird völlig seine kraftvolle Röte verlieren.

***

Das nächste ähnelt einem schwarzen Schwein. Dies ist so, weil in jener Epoche führende Menschen auftreten, welche die tiefe Schwärze der Trauer in ihrem Inneren tragen und sich im Schmutz der Unreinheit wälzen. In ihrer widernatürlichen Unzucht und aufgrund ähnlicher Bösartigkeiten setzen sie das göttliche Gebot hintan und lösen dadurch zahlreiche Zersplitterungen der heiligen göttlichen Gebote aus.

***

Ein weiteres ist einem grauen Wolf ähnlich. Dies ist so, weil in jener Epoche Menschen leben, die viel Raub an

Macht und anderen Vorteilen an sich bringen. Da sie in jenen Streitigkeiten weder schwarz noch weiß, sondern grau und somit voller List auftreten, gelingt es ihnen, die Herrscher jener Reiche zu stürzen, und sie teilen diese Reiche unter sich auf. Es kommt dann nämlich die Epoche, in der zahllose Seelen in Verwirrung geraten, weil sich der Irrtum aller Irrtümer von der Unterwelt bis zum Himmel ausbreitet. Dadurch werden die Kinder der Sonne in eine Kelter der Leiden gestoßen werden, denn sie werden das Gute retten wollen und das Böse ablehnen; das Böse aber wird danach trachten, sein Ziel mit teuflischen Listen zu erreichen.

***

Diese Tiere aber drehen sich nach Westen. Dies ist so, weil jene vergänglichen Epochen mit der sinkenden Sonne dahinschwinden. Denn wie die Sonne am Firmament aufsteigt und sinkt, so verhält es sich auch mit dem Lauf des Menschen: dieser entsteht und jener vergeht.

*****

Mit dem eben zitierten letzten Abschnitt gibt Hildegard von Bingen - genauso wie gleich im ersten Satz des ganzen Textes - den entscheidenden Hinweis auf die Natur dieser Weissagung. Unmittelbar zu Beginn der Einleitung heißt es, daß die Visionärin nach Norden blicke, und in dieser Himmelsrichtung erkenne sie das Auftauchen der fünf Tiere. Anschließend und dann noch einmal ganz zuletzt sagt sie, die Tiere würden sich nach Westen „drehen", und die ihnen zugeordneten Epochen verschwänden mit der sinkenden Sonne. Sie bezieht sich hier also dezidiert auf den Kreislauf des Gestirns, das aus dem Dunkel der Nacht im Norden aufsteigt und einen vollen Tag lang über die Erde wandert, ehe es im Westen untergeht - und dies ist eine uralte Metapher für einen großen, abgeschlossenen Zeitzyklus an sich.

Die fünf Tiere stehen damit für ebenso viele Abschnitte einer langen historischen Epoche, wofür zusätzlich die fünf Berggipfel sprechen. Jedes der Tierwesen ist mit einer solchen Klippe verbunden; es werden durch dieses Bild zeitliche Zäsuren gekennzeichnet. Insgesamt ergibt sich aus dieser Metaphorik ein „Zeitschlüssel", mit dessen Hilfe die Prophezeiungen, die mit den jeweiligen Tieren verknüpft sind, geschichtlich eingeordnet werden können. Ehe dies möglich wird, muß freilich noch ein „Fixpunkt" gefunden werden: der historische Moment, an dem der feuerfarbene Hund auftaucht.

Mit dieser Frage hat sich im 20. Jahrhundert, das einen sehr weiten Blick zurück und damit gute Interpretationsmöglichkeiten im nachhinein bietet, besonders intensiv die Benediktinerin Maura Böckeler beschäftigt. Als Nonne der St. Hildegardis-Abtei in Eibingen erforschte sie das Leben der Visionärin, wozu sie neben den Schriften von Hildegards Biographen Volmar und Wibert von Gembloux auch das Werk des mittelalterlichen Klerikers Gebeno von Ebersbach heranzog, der Anno 1220 eine erste Auslegung der Schauungen vorgelegt hatte. Dabei kam Maura Böckeler zu folgendem Ergebnis: „Sicher scheint zu sein, daß Hildegard unter dem ersten Zeitalter, dem des feurigen Hundes, ihre eigene Zeit versteht. (...) Gebeno setzt den Anfang dieser Zeit, angeblich nach einem Ausspruch Hildegards, auf das Jahr 1100."

Wenn wir nun die erste Prophezeiung unter diesem Aspekt betrachten, dann wird sofort klar, wie treffend diese historische Einordnung ist. Jene Epoche werde „bissige Menschen ausgebären", heißt es; Menschen, die „sich zwar als reines Feuer" ansehen, aber „nicht in der göttlichen Gerechtigkeit entbrannt" sind. Vor dem Hintergrund der Jahreszahl 1100 lassen sich in diesen Menschen zweifelsfrei die Teilnehmer an den Kreuzzügen erkennen. Sie glaubten, sie würden das „reine Feuer" der christlichen Religion über die Grenzen Europas hinaustragen; in Wahrheit machten sie sich aber unsäglicher Greueltaten schuldig, so daß sie wahrlich nicht im Sinn des Göttlichen handelten. Unter der Epoche des Hundes ist infolgedessen die Kreuzzugszeit zu verstehen, welche 1098 mit dem ersten Feldzug zur „Befreiung" Jerusalems einsetzte und 1291 mit dem Fall der letzten christlichen Festung Akkon in Palästina endete. Fast auf das Jahr genau ist so der historische Abschnitt zwischen 1100 und 1300 markiert: zwei Jahrhunderte, die wir damit als jene Zeitspanne definieren können, die jeweils dem Auftreten oder der Epoche eines der Tiere entspricht.

Das Zeitalter des Löwen umfaßt nach dieser Rechnung das Spätmittelalter von 1300 bis 1500, und wieder ist die Charakterisierung, die Hildegard von dieser Epoche gibt, ausgesprochen zutreffend. Sie spricht von kampflüsternen Menschen, zahlreichen Kriegen und dem Verwelken dieser Welt – und man glaubt förmlich die Raubritter, die vielen Fehden und den Niedergang des Heiligen Römischen Reiches Deutscher Nation vor sich zu sehen, das zu jener Zeit mehr und mehr in kleine Territorialstaaten zersplitterte.

Ab dem Jahr 1500 wurde wahr, was Hildegard von Bingen für die Epoche des fahlen Rosses vorhersagte. Damals wurde die katholische Kirche von den Renaissancepäpsten beherrscht, deren „sündige Ausschweifungen“ (bis hin zum Inzest mit Söhnen und Töchtern) bis heute Abscheu hervorrufen. Aufgrund dieser und zahlloser weiterer Verbrechen des Papsttums wurde letztlich in der Tat das „Herzstück des Reiches“, nämlich Rom, zerbrochen. Die Reformation spaltete die römisch-katholische Kirche; Katholiken und Protestanten kämpften bis zum ausgehenden 17. Jahrhundert in zahlreichen Religionskriegen gegeneinander. Schließlich hatte Rom seinen Einfluß in halb Europa verloren; seine zuvor als unerschütterlich angesehene Kraft war für alle Zeiten dahin.

Das schwarze Schwein kennzeichnet die Zeit von 1700 bis 1900. Unter den „führenden Menschen“, welche die „Schwärze der Trauer“ in sich tragen, sind die Revolutionäre jener Epoche zu verstehen, die das Unrecht des Feudalismus nicht mehr ertragen konnten, das Los ihrer Mitmenschen also zutiefst betrauerten. Ihr größter Sieg war die Französische Revolution von 1789, doch auch sie bewirkten viel Böses, wenn man etwa an Robespierre denkt. Den Kirchen sagten diese Aufklärer, die sich bereits mehr oder weniger vom Christentum losgesagt hatten und unter anderem auch sexuelle Befreiung proklamierten, den Kampf an, was innerhalb der Religion wieder turbulente Richtungskämpfe – zum Beispiel die

Abspaltung der Altkatholiken von den Katholiken im 19. Jahrhundert - auslöste.

Die Epoche des grauen Wolfes umfaßt das 20. und 21. Jahrhundert. Sie ist, von der gegenwärtigen Warte aus betrachtet, infolgedessen zur Hälfte bereits Vergangenheit, zur anderen Hälfte aber noch Zukunft. Sofern wir diejenigen Textelemente herausfiltern, die wir als Geschichte erkennen können, haben wir hier andererseits eine erste Präkognition der Hildegard von Bingen für das anbrechende dritte Jahrtausend.

Die Menschen, die „viel Raub an Macht und anderen Vorteilen" an sich brachten, traten bereits um 1900 auf. Damals setzte jene, zunächst noch positive Entwicklung ein, die nach 1918 zum Sturz der meisten europäischen Monarchien führte. Sehr schnell jedoch wurden die frühen Demokratien, die nach dem Ersten Weltkrieg in Deutschland, Italien, Spanien und Rußland entstanden waren, von den Faschisten unterminiert, welche in Gestalt Hitlers, Mussolinis, Francos und Stalins anschließend den größten Teil des Kontinents unter sich aufteilten. Anfangs, ehe sie zur totalen Macht gelangten, zeigten sich diese Verbrecher tatsächlich „grau" und „voller List", indem sie sich nämlich scheinbar ein demokratisches Deckmäntelchen umhängten.

In der zweiten Hälfte des 20. Jahrhunderts begann dann wohl die Epoche, in der „zahllose Seelen in Verwirrung geraten", denn abermals tauchten „graue Eminenzen", wenn jetzt auch in anderer Gestalt, auf. Es handelte sich um jene Konzernherren, die während der vergangenen Jahrzehnte mit Hilfe zunehmend von ihnen abhängiger Politiker immer unverfrorener die westlichen Demokratien unterwanderten und heutzutage längst die eigentlichen Drahtzieher im Hintergrund sind. Am Ende des Jahrtausends ist infolgedessen das inzwischen völlig unverblümte Hochkommen eines global agierenden Neokapitalismus zu beobachten; gewählte Staatsoberhäupter, die noch Widerstand versuchen, werden mit infamen Methoden attackiert, wie die Lewinsky-Affäre um Bill Clinton zeigte.

Ebenso zeichnet sich bereits jetzt jener „Irrtum aller Irrtümer“ ab, von dem die Prophetin sagt, er werde sich von der „Unterwelt bis zum Himmel“ ausbreiten. Diese fundamentale Fehlentwicklung hat wohl abermals mit dem neuen Brutalkapitalismus des ausgehenden 20. Jahrhunderts zu tun, der die Erde in ihren Grundfesten und dazu ihre Atmosphäre bedroht. Unterirdische Atomversuche erschüttern den Planeten bis in seinen flüssigen Magma-Kern hinein und lösen immer wieder verheerende Erd- und Seebeben aus; gleichzeitig vergrößern sich die Ozonlöcher über den Polen von Jahr zu Jahr. Und dies alles, weil die Politiker, Wirtschaftsführer, Militärs und Wissenschaftler gerade der hochentwickelten Staaten in dem fatalen Glauben befangen sind, ungestraft Schindluder mit der Natur treiben zu können – was sich aber im 21. Jahrhundert wahrlich als katastrophaler Irrtum herausstellen wird.

Hemmungslose Profitgier und ungezügelter Machthunger, vor allem der USA, haben nämlich längst einen Prozeß eingeleitet, der im Grunde nur in einem globalen Debakel von apokalyptischen Ausmaßen enden kann. Um aber die Menschen darüber hinwegzutäuschen, wurde von den Herrschenden gleichzeitig eine Medienindustrie etabliert, die auf immer perfektere Weise Volksverdummung betreibt und die Seelen und den Verstand der Konsumenten dadurch immer noch weiter „verwirrt". Deutschland erlebte während der letzten Jahrzehnte einen kulturellen Absturz sondergleichen. An die Stelle des öffentlich-rechtlichen Fernsehens mit seinem einstmals hohen Standard traten zunehmend Privatsender mit unsäglichen amerikanischen oder amerikanisierten Primitivprogrammen; ebenso wurde die deutsche Literatur, die noch in den 70er und 80er Jahren starken gesellschaftlichen Einfluß nahm, seither Zug um Zug demontiert und in großen Teilen liquidiert, so daß die Buchhandlungen heute von amerikanischen Trivialschwarten überquellen, während etwa die Werke von Heinrich Böll vielfach gar nicht mehr in den Regalen zu finden sind.

Wohin diese Entwicklung im 21. Jahrhundert führen wird, ist leicht abzusehen. Bereits zur Jahrtausendwende steigt die Zahl der Analphabeten in den modernen Industriegesellschaften rapide an; schon jetzt sind Millionen westeuropäischer Bürger nicht mehr imstande, auch nur einen einfachen Satz zu entziffern, und in den Vereinigten Staaten von Amerika liegt der entsprechende Prozentsatz noch höher. Im neuen Millennium werden, falls das Ruder nicht doch noch in letzter Minute herumgerissen wird, breite Bevölkerungsschichten ein äußerst niedriges geistiges Niveau aufweisen - und dieses gezielt gezüchtete Proletentum wird dann ganz gewiß nicht mehr fähig sein, sich gegen noch weitergehende Manipulationen bis hin zur Einführung einer neuen Sklavenhaltergesellschaft zu wehren.

Dennoch wird es, folgt man der Prophezeiung der

Hildegard von Bingen für das dritte Jahrtausend, verzweifelten Widerstand von anderer Seite geben: nämlich durch die „Kinder der Sonne". Unschwer sind darin die Ökobewegungen wie „Die Grünen", „Greenpeace" oder die „Regenbogenkrieger" der Zukunft zu erkennen, die nicht nur auf alternative Energien setzen, sondern vielfach auch das Sonnensymbol in ihren Emblemen führen. Diese Gruppierungen sind offenbar die einzigen, die sich der allgemeinen Verdummung zu entziehen vermochten; sie wollen „das Gute" (die Natur und das Leben) retten und lehnen „das Böse" (hemmungslose Profitgier und globale Herrschsucht der Neokapitalisten) ab. Doch die skrupellosen neuen Herren der Erde bekämpfen diese letzten denkenden Menschen mit „teuflischen Listen" und stoßen sie in eine „Kelter der Leiden".

Im letzten Abschnitt ihrer Vision weissagt die Seherin des 12. Jahrhunderts das „Dahinschwinden" und damit den Untergang der ganzen, tausendjährigen Epoche, nachdem die Tiere sich entlang der Sonnenbahn nach Westen gedreht hätten. Sie vertieft damit die Aussage aus dem einleitenden Passus ihrer Schauung, wo vom Ende der Welt unter „vielen Drangsalen und Katastrophen" die Rede ist. Der Westen steht hier zugleich für die Himmelsrichtung, aus welcher der Auslöser für „Harmageddon" gekommen ist – und wie diese „Apokalypse" sich vollzieht, wird an anderer Stelle der „Scivias"-Prophezeiung noch ausführlich geschildert werden. Unmittelbar bevor jedoch dieses globale Debakel erfolgt, „stirbt" zunächst die römisch-katholische Kirche ...

Vom Sturz des Stuhles Petri

Doch jetzt wankt der katholische Glaube unter den Völkern, und das Evangelium gilt nichts mehr unter den Menschen.

***

O Rom! Es ist, als lägest du in den letzten Zügen. Die Kraft deiner Füße, auf denen du gestanden hast, schwindet dahin.

***

Jetzt durcheilt die Menschheit den Zeitenlauf, welcher dem Erscheinen des Blutrichters vorausgeht. Dieser wird danach trachten, den katholischen Glauben zu stürzen.

***

Noch dauert der Kampf der Mächte, das satanische Spiel von Lüge und Betrug, an. Endlich aber trifft ein Donnerschlag das Haupt der seit einer Ewigkeit herrschenden Schlange mit derartiger Wut, daß es von seinem Berg stürzt und seinen Geist im Tod ausröchelt. So offenbart sich die göttliche Macht, welche die Ausgeburt des Verderbens mit solcher Wucht ihres Zorns niederwirft, daß die Ausgeburt des Verderbens von dem stolzen Gipfel, auf dem sie sich wider das Göttliche aufgeworfen hat, in den Pfuhl ihrer Vermessenheit stürzt. Im Tod der ewigen Verdammnis wird sie ihren Atem ausröcheln und so enden.

***

Die Kirche hat den Stand der Gerechtigkeit verlassen. Der Nordwind stürmt über die Kirche, reißt ihr die Krone vom Haupt und zerfetzt ihre Gewänder, so daß die Häupter der Geistlichkeit fallen.

***

Denn der Tod rennt gegen die Kirche zu derselben Stunde an, da am Ende der Zeiten der Fluch der Flüche über sie kommt. Und er ist wahrlich der Fluch der Flüche, so wie Jesus im Evangelium über die Stadt des schlimmsten Irrtums bezeugt und spricht.

*****

Der Untergang der Papstkirche und möglicherweise sogar des Christentums insgesamt war im Mittelalter schlicht unvorstellbar. Wenn Hildegard von Bingen ihn trotzdem - und noch dazu mit dermaßen deutlichen Worten - anspricht, dann weist sie sich dadurch als herausragende Prophetin aus. Denn am Ende des zweiten Jahrtausends liegt zumindest die römisch-katholische Kirche tatsächlich in ihren letzten Zügen, und die Schuld daran trägt - wie Hildegard ebenfalls sagt - die Kirche selbst.

Permanente Judenverfolgungen von Anbeginn ihrer Geschichte an, Verfälschung der jesuanischen Lehre bis hin zur völligen Unkenntlichkeit, theologisch sanktionierte Frauendiskriminierung übelster Art, Hexen- und Ketzerverfolgungen, die Abermillionen unschuldiger Opfer kosteten; dazu die Kreuzzüge, die Zwangsmissionierungen in Europa und auf anderen Kontinenten, welche dutzendfach in Völkermorden gipfelten; schließlich das Paktieren mit den faschistischen Diktaturen des 20. Jahrhunderts sowie die stillschweigende Hinnahme des Holocaust durch Pius XII. - dies sind „nur" einige der Verbrechen, welche die Papstkirche, deren Oberhäupter sich auch noch zu „Stellvertretern Gottes auf Erden" aufwarfen, zu verantworten hat.

Stets und bis in die unmittelbare Gegenwart unterdrückte diese Institution jegliche konstruktive Kritik, die sie aus ihrer moralischen Misere hätte herausführen können. Die Reformatoren Wiclif, Hus, Müntzer oder Luther sind Beispiele dafür; heutzutage werden herausragende Christen wie Ranke-Heinemann, Küng und Drewermann durch Lehr- und Berufsverbote drangsaliert. Der weltfremde Standpunkt des Katholizismus und anderer fundamentalistischer Weltreligionen hinsichtlich der Empfängnisverhütung trägt die Mitschuld daran, daß an der Wende von zweiten zum dritten Millennium täglich 40.000 Kinder in der dritten Welt den Hungertod sterben; trotzdem verschanzt sich ein starrsinniges Papsttum hinter seinen Dogmen und verschließt in zutiefst inhumaner Weise die Augen vor der Realität der Welt.

Dies alles muß nach den ehernen Gesetzen der Geschichte unweigerlich zum Untergang der römisch-katholischen Kirche führen - und Hildegard von Bingen schildert in ihren einschlägigen Weissagungen offenbar die näheren Umstände.

Bereits im ausgehenden 20. Jahrhundert begann der katholische Glaube wie nie zu „wanken"; es ist deutlich festzustellen, daß die „Lehren" der Kirche, die von ihr selbst andauernd konterkariert werden, zunehmend abgelehnt werden. Mehr und mehr wird das Papsttum als sterbende Institution angesehen – und dies sind die überdeutlichen Zeichen der Zeit, welche die finale Katastrophe des Katholizismus ankündigen. Der „Blutrichter" weist ohne Zweifel darauf hin, daß der Zusammenbruch der Kirche im 21. Jahrhundert gewaltsam erfolgen wird, und in ihrer nächsten Prophezeiung nennt Hildegard die Gründe: das „satanische Spiel" von Lüge, Betrug, Vermessenheit und weiteren Verbrechen, das vor allem das Papsttum betrieb.

Jetzt aber wird es von einem „Donnerschlag" getroffen und stürzt von seinem „Berg", dem römischen Vatikanhügel, um zur Strafe für seine Gottfeindlichkeit auf schreckliche Weise zu sterben. Im vorletzten Teil ihrer Weissagung nennt die mittelalterliche Visionärin abermals die Gründe dafür, und die „zerfetzten Gewänder" sowie die „fallenden Häupter der Geistlichkeit" müssen keineswegs nur Metaphern sein, wie wir im folgenden Kapitel sehen werden, wo die Prophezeiungen Hildegards mit den einschlägigen und teils sehr viel präziseren Aussagen anderer Seher verglichen werden. Abschließend enthält die Schauung einen Hinweis darauf, wann dies alles geschehen wird: am „Ende der Zeiten", also der tausendjährigen „Epoche der fünf Tiere", deren letzte Phase wir als das 21. Jahrhundert definiert haben.

Dieses „Ende der Zeiten" fällt mit dem ebenfalls von Hildegard vorhergesagten „Harmageddon" zusammen, wie sich wiederum aus der von ihr selbst vorgenommenen Gliederung der Prophezeiungen in ihrem Werk „Scivias" ergibt, wo auf die eben geschilderten Ereignisse „Der Tag der großen Offenbarung" folgt ...

Die Apokalypse

In den letzten Zeiten werden zahlreiche Heimsuchungen zu beobachten sein, und zahlreiche Vorzeichen werden den Weltuntergang ankündigen. Denn an jenem Tag wird der gesamte Erdball von schrecklichen Erschütterungen getroffen und von furchtbaren Unwettern zerrüttet. Alles, was auf Erden hinfällig und sterblich ist, wird durch dieses Unheil zugrunde gehen. Weil nämlich der Weltenlauf zu seinem Ende gekommen ist, kann er nicht länger fortbestehen, sondern wird nach dem Ratschluß des Göttlichen vernichtet. Es werden dem Weltenende gewaltige Schrecken vorangehen und die Erde zuletzt unter verschiedenen Schrecknissen zertrümmern. Von den Elementen werden diese Schrecken ausgehen, weil die Elemente selbst zusammenbrechen.

***

Danach erschaute ich: Plötzlich wurden sämtliche Elemente und Lebewesen von einem fürchterlichen Beben erschüttert. Feuer, Luft und Wasser sprengten ihre Fesseln und versetzten den gesamten Erdball in Aufruhr. Blitze flammten, und Donnerschläge dröhnten. Berge stürzten zusammen, und Wälder brachen nieder, so daß Myriaden von Sterblichen ihr Leben verloren.

***

Die Sonne, der Mond und die Sterne verharrten bewegungslos auf ihrer Kreisbahn, so daß sie nicht wie zuvor das Licht von der Dunkelheit trennten. Auf diese Weise war es nicht länger dunkle Nacht, sondern heller Tag. Das Ende war da.

***

In dieser Endzeit werden die Elemente durch eine plötzliche und völlig unerwartete Katastrophe entfesselt. Die gesamte Menscheit gerät in unvorstellbare Panik. Feuersäulen bersten aus der Erde, die Atemluft verflüchtigt sich; die Ozeane und Ströme treten über ihre Ufer. Der Erdball wird von schrecklichen Beben erschüttert; Blitzstrahlen zucken, Donnerschläge krachen. Berge werden wie von Schwerthieben gespalten, weite Wälder brechen zudammen. Alle sterblichen Wesen, egal ob in der Luft, im Wasser oder auf dem Boden, verlieren ihr Leben. Der Feuersturm erschüttert und vernichtet nämlich alle Atemluft, und die tobenden Fluten überrennen alles feste Land. Auf diese Weise wird alles gereinigt. Alles Häßliche auf Erden verschwindet ganz so, als sei es nie gewesen. Es vergeht, so wie Salz zerfließt, wenn es ins Wasser geworfen wird.

***

Nachdem dies alles geschehen ist, werden die Elemente in vollkommener Reinheit und Schönheit leuchten. Alle widerwärtige Schwärze und aller Schmutz sind verschwunden. Dann wird das Feuer ohne häßliche Schlacke gleich dem Morgenrot schimmern. Ohne jegliche Trübung wird die Luft sein: rein und leuchtend.

Glasklar, ruhig und ohne Turbulenzen werden die Gewässer sein. Die Erde selbst wird ihre Verwüstung überwunden haben und wird erneut ohne jede Verunstaltung fest und eben daliegen, sobald all der Aufruhr sich in unendliche Ruhe und Schönheit verwandelt hat. Auch die Sonne, der Mond und die Sterne werden gleich kostbaren Juwelen auf goldenem Hintergrund in großer Klarheit und tiefem Glanz am Firmament schimmern.

*****

Die Vorzeichen der Globalkatastrophe sind bereits seit der zweiten Hälfte des 20. Jahrhunderts spürbar. Noch nie zuvor seit Menschengedenken gab es dermaßen viele Erdbeben, die zum Teil viele Zehntausende Todesopfer forderten. Hinzu kommen immer wieder verheerende Flutkatastrophen oder andererseits jahrelange Dürreperioden vor allem in Afrika. Aids, eine völlig neue Geißel der Menschheit, breitet sich explosionsartig aus; ebenso sterben Jahr für Jahr mehr Menschen an Hautkrebs: einer Krankheit, von der noch im 19. Jahrhundert nur ein verschwindend geringer Bruchteil der Weltbevölkerung befallen wurde. Alle diese Heimsuchungen sind letztlich auf die rapide fortschreitende Umweltzerstörung infolge eines hemmungslosen Industriewachstums zurückzuführen, was den Politikern, Wirtschaftsführern und Wissenschaftlern auch sehr wohl bekannt ist. Trotzdem gebieten diese dem Wahnsinn nicht Einhalt; vielmehr verteufeln und verfolgen sie jene, die vor einem „Harmageddon“ als Folge solch kriminellen Umganges mit der Natur warnen.

Diese vorgeblichen „Fortschrittsfeinde“ werden

jedoch nach der Prophezeiung der Hildegard von Bingen recht behalten. Urplötzlich wird die Erde sich gegen eine wahnsinnig gewordene Menschheit aufbäumen, wenn „der Weltenlauf zu seinem Ende gekommen ist". Hier macht die Seherin eine sehr präzise zeitliche Aussage, denn ihre „Epoche der fünf Tiere" endet, wie wir gesehen haben, mit dem 21. Jahrhundert - und mit diesem Säkulum fällt nun der Übergang vom Tierkreiszeichen der „Fische" mit dem des „Wassermannes" zusammen.

Naturwissenschaftlich ausgedrückt: Der Planet Erde beendet zu diesem astronomisch relevanten Zeitpunkt einen großen Pendelausschlag um seine „torkelnde" Achse, so daß an einem bestimmten Punkt des Nachthimmels das neue Sternbild aufsteigen und für etwa zweitausend Jahre dort bleiben wird. Da sich aber im Erdinneren unvorstellbare Mengen glühender Magmaflüssigkeit befinden, preßt diese labile Materie sich am Ende der beschriebenen Pendel- oder „Weltenlauf"-Bewegung besonders stark gegen die relativ dünne Erdkruste. Diese Belastung birgt eine extrem gesteigerte Gefahr von Vulkanausbrüchen, Erdbeben und Tsunamis in sich, und da der Planet aufgrund der globalen Umweltzerstörung ohnehin schon schwer angeschlagen ist, werden, wie die Visionärin es ausdrückt, „die Elemente selbst zusammenbrechen" - und zwar vermutlich schon kurz nach dem Jahr 2100.

Naturwissenschaftlich völlig richtig und in präzisen Bildern schildert Hildegard von Bingen die Auswirkungen eines solchen Kataklysmus, doch damit hat die Menschheitskatastrophe, in deren Verlauf ganze Bergmassive in sich zusammenstürzen, noch immer nicht ihren Höhepunkt erreicht. Denn jetzt plötzlich, offenbar während der Nacht, bleiben die Gestirne scheinbar am Himmel stehen, und die eben noch herrschende Dunkelheit verwandelt sich in helles Tageslicht. Diese Beschreibung gibt abermals sehr exakt den Eindruck wieder, den ein Beobachter auf der Erde während eines jähen Polsprunges haben würde. Offenbar kippt aufgrund der grauenhaften Erschütterungen des Planeten auch noch die Erdachse, und der Globus hält deshalb vorübergehend in seiner Rotation inne, so daß Sonne, Mond und Sterne unvermittelt an Stellen auftauchen, wo sie nicht hingehören, und dort für eine gewisse Zeit verharren, ehe sich die Erdumdrehung wieder stabilisiert.

Nachdem sie dies vorhergesagt hat, vertieft die Seherin ihre einleitende Prophezeiung über die Auswirkungen von „Harmageddon" noch. Ihre Beschreibung ist hier detaillierter; es scheint, als könne sie ihren Blick beim besten Willen nicht von dem unvorstellbaren Grauen abwenden. Zuletzt jedoch erkennt sie den „Sinn" der „Apokalypse" und drückt es so aus: „Alles Häßliche auf Erden verschwindet; ganz so, als sei es nie gewesen."

Abschließend folgt ein höchst beeindruckendes Bild vom Antlitz dieser „erneuerten" Welt. Die Folgen der von einer verantwortungslosen Menschheit verursachten Umweltzerstörung sind beseitigt. Die Luft ist wieder rein, das Wasser klar, das Land makellos und die einstmals verschmutzte Atmosphäre durchscheinend, so daß der Blick erneut tief hinaus ins All reicht. Der Planet hat sich also von dem befreit, was diejenigen, die sich fälschlicherweise als „Krone der Schöpfung" bezeichneten, ihm antaten.

DIE PROPHEZEIUNGEN HILDEGARDS IM VERGLEICH MIT DEN VISIONEN ANDERER SEHER

Die Prophezeiungszyklen „Vom Sturz des Stuhles Petri“ und „Die Apokalypse“, in denen es um hochdramatische Ereignisse im dritten Jahrtausend geht, gewinnen in ihren Aussagen noch schärfere Konturen, wenn man einschlägige Visionen anderer bedeutender Seher zum Vergleich heranzieht. Aus Platzgründen kann diese Gegenüberstellung allerdings nicht umfassend sein, sondern nur „Kostproben“ geben, die teilweise gekürzt sind. Bei weitergehendem Interesse verweist der Autor auf die übrigen Bände der Buchreihe „Prophezeiungen für das neue Jahrtausend“ und andere seiner Werke (siehe Literaturverzeichnis), wo die auf den folgenden Seiten genannten Präkognitiven und ihre Weissagungen ausführlich vorgestellt werden.

Prophezeiungen über das Ende des Papsttums

Im Stiefelland bricht eine Revolution aus. Ich glaube, es ist ein Religionskrieg, weil sie alle Geistlichen umbringen. Viele Kirchen stürzen ein. Ich sehe Priester mit weißen Haaren, die tot am Boden liegen. Hinter dem Papst ist ein blutiges Messer und tote Priester mit weißen Haaren. Der Papst flieht nach Südosten oder über das große Wasser. (Alois Irlmaier)

Ein gebet zů der heyligen sant Hildegard.

Almechtiger ewiger got wir bitten dich/das du vns verleihen wöllest den geist der warheit/vnd so genedig sein/alß du der heyligē iungfrawen sant Hildegard gewesen bist/das wir hie zeitlich vnd bey dir inn ewiger seligkeit deinen willen volnbringen mögen. Amen.

Das Kreuz wird von der Wand heruntergeholt. Die Pfarrer werden sich Hände und Gesichter anrußen, damit man sie nicht erkennt. Die Religion wird noch so klein, daß man's in einen Hut hineinbringt. Der Glauben wird so dünn, daß man ihn mit der Geißel abhauen kann. Über den katholischen Glauben spotten am meisten die Christen. Den Herrgott reißen sie von der Wand und sperren ihn im Kasten ein. (Mühlhiasl)

***

Während der äußersten Verfolgung der Hl. Römischen Kirche wird Petrus der Römer auf dem Stuhl sitzen. Unter vielen Bedrängnissen wird er die Schafe weiden. An deren Ende wird die Siebenhügelstadt zerstört werden, und ein furchtbarer Richter wird das Kirchenvolk richten. Ende. (Malachias)

***

In jener Zeit, da der Weltuntergang naht, wird der letzte römische Papst so heißen wie der erste. Rom geht unter. Ehe dies aber geschieht, ist die Schar der Katholiken so klein geworden, daß sie im Schatten eines Birnbaumes Platz hat. (Sibylle von Prag)

***

Der religiöse Kult wird völlig vernichtet werden, und alle werden Zeugen des Unterganges der Kirchen werden. (Merlin)

***

Europa wird von fürchterlichen Züchtigungen heimgesucht werden. Es zerstört die Klöster und vernichtet die heiligen Orden. (Mönch von Wismar)

Prophezeiungen über den „Weltuntergang" und das Schicksal der Menschheit danach

Das Vieh fällt um. Das Gras wird gelb und dürr. Die toten Menschen werden ganz gelb und schwarz.
Ich sehe große Löcher im Meer. Die fallen dann wieder zu, wenn die riesigen Wellen zurückkommen. Drei Städte sehe ich untergehen. Die schöne Stadt am blauen Meer versinkt fast ganz im Meer und im Schmutz und Sand, den das Meer herauswirft. Ein Teil Englands verschwindet.
Nach der Katastrophe werden mehr Menschen tot sein als in den zwei Weltkriegen zusammen. Die landlosen Leute ziehen jetzt dahin, wo die Wüste entstanden ist. Jeder kann siedeln, wo er mag, und Land haben, soviel er bebauen kann. Durch die Klimaänderung wird bei uns wieder Wein angebaut. Es werden Südfrüchte bei uns wachsen. Es ist viel wärmer als jetzt. Nach der großen Katastrophe wird eine lange, glückliche Zeit kommen. (Alois Irlmaier)

***

Dann jedoch wird Flammenglut aufbrüllen. Die Pein Sodoms und Gomorrhas in jeglicher Stadt. Kinder, die zu brennenden Feuerzungen werden. (Johannes von Jerusalem)

***

Einer dieser um den halben Globus rasenden Orkane tobt zweimal - zuerst in nördlicher, dann in nordöstlicher Richtung - über die USA und erreicht anschließend Europa. Im Mittelmeerraum richtet er immense Verwüstungen an, ehe er sich in den Weiten Osteuropas verliert. (Eismeerfischer Johansson)

***

Es geht dem Ende zu. Ein furchtbarer Sturmwind braust über die Stadt und das Land. Gelbgraue Staubwolken und schwere, giftige Schwaden rauben Mensch und Tier den Atem. Vom Vysehrad her kommt ein ungeheurer Feuerball. Felsen fliegen durch die Luft, und über allem lodert das Feuermeer. Der Hradschin steht in Flammen. In der Stadt bersten die Mauern, überall wütet Feuer. Die Erde wird erschüttert und gepackt vom dumpfen Beben. Tiefe Klüfte öffnen sich, sie verschlingen Totes und Lebendiges. Alles versinkt in unergründlich schwarze Tiefe. Man hört nur mehr das Brausen des Sturmes. Das Leben ist erloschen. Es ist vorbei! Prag, dein Schicksal hat sich erfüllt! Wo sind deine Häuser, stolze Stadt? Weshalb bespülen trübe Fluten die Gestade der öden Heide? Grausiges Gewürm läßt Leib und Geist erschauern. Unkraut und Sumpf, voll von giftigem Odem, beherrschen das Land. Ist das die Ernte der menschlichen Saat? (Sibylle von Prag)

***

Beim Platzen der Erdrinde kommt es zu einem Weltbeben, bei dem fast alles zerfällt, was zerfallen kann. Alle nachher noch lebenden Menschen stehen vor dem Nichts.
Das Nächste: Wir kamen in ein wahrscheinlich südlicheres Gebiet - es gab schon wieder Sträucher, aber kaum Gras. Wir bauten uns davon Hütten.
Anschließend machte ich Jagd auf etwas Eßbares. Es waren vorwiegend Eidechsen oder ähnliche Tiere. (Bauer aus dem Waldviertel)

***

Innerhalb eines Augenblicks werden die Meere sich erheben, und die Arena der Winde wird abermals geöffnet werden. Die

Winde werden gegeneinander kämpfen mit einem Getöse von böser Vorbedeutung, und ihr Toben wird widerhallen von einem Sternzeichen zum anderen.
Der Tod wird seine Hand auf die Menschen legen und all die Völker vernichten. Diejenigen, die am Leben geblieben sind, werden den Ort ihrer Geburt verlassen und werden ihre Saat in die Felder anderer Menschen säen. (Merlin)

*****

Nicht nur Merlin, der große keltische Prophet Britanniens, der vor eineinhalbtausend Jahren lebte, sondern auch mehrere andere der hier zitierten Visionäre sagten für die Epoche nach der Globalkatastrophe einen Neuanfang der Menschheit voraus. Wenn Hildegard von Bingen nicht darüber sprach, dann vielleicht aus gutem Grund: Möglicherweise wollte sie dadurch, daß sie die Zeit nach der „Apokalypse" im dunkeln ließ, um so nachdrücklicher vor „Harmageddon" im dritten Jahrtausend warnen und auf diese Weise doch noch eine rechtzeitige Umkehr der modernen Zivilisationen erreichen.

Denn trotz der schrecklichen Weltuntergangsszenarien, welche die mittelalterliche Hellseherin und andere Präkognitive ausmalten, gilt eines: Noch hat die Menschheit eine Chance, auch wenn die Zeiger der Uhr bereits sehr, sehr nahe der Zwölf stehen!

ANMERKUNGEN

1. Siehe zu diesen und anderen im Buch erwähnten Propheten die entsprechenden Werke des Autors, die im Literaturverzeichnis aufgeführt sind.

2. Zur damaligen Zeit machte man, ebenso wie in der Antike, keinen Unterschied zwischen Astronomie und Astrologie.

3. Im Investiturstreit des 11. und 12. Jahrhunderts bekämpften sich Kaiser- und Papsttum bis zum Exzeß, weil jede Seite das Recht auf die Einsetzung von Bischöfen und Äbten für sich beanspruchte.

4. Das Wort bedeutet „Zaunreiter(in)"; es sollte damit wohl ausgedrückt werden, daß eine(e) *Hagazussa* sich auf der Grenzlinie zwischen den Welten zu bewegen vermochte.

5. Ausnahmen bilden lediglich die adlige (sic!) Sibylle von Prag (17. Jahrhundert) und „Mother Shipton" (16. Jahrhundert), die in Britannien - einem Land mit in der Neuzeit noch starker heidnischer Tradition - lebte.

6. So oder als Ovaten bezeichnete man die HellseherInnen der keltischen Kultur. Sie standen im Druidenrang und nahmen damit eine fürstliche Stellung ein.

WEITERFÜHRENDE LITERATUR

Böckeler, Maura: Wisse die Wege. Ohne Verlagsangabe, Berlin 1928.

Deschner, Karlheinz: Abermals krähte der Hahn. Econ Verlag, Düsseldorf und Wien 1980.

Deschner, Karlheinz: Kriminalgeschichte des Christentums. Bd. 1-5. Rowohlt Verlag, Reinbel bei Hamburg 1986, 1988,1990,1994 und 1997.

Gronau, Eduard: Hildegard von Bingen. Christiana Verlag, Stein am Rhein 1985.

Hildegard von Bingen: Naturkunde. Das Buch von dem inneren Wesen der verschiedenen Naturen in der Schöpfung. Otto Müller Verlag, Salzburg 1959.

Hildegard von Bingen: Briefwechsel. Otto Müller Verlag, Salzburg 1979.

Hildegard von Bingen: Scivias - Wisse die Wege. Herder Verlag, Freiburg i. Br. 1992.

Storch, Walburga: Scivias - Wisse die Wege. Ohne Verlagsangabe, Augsburg 1990.

Termolen, Rosel: Hildegard von Bingen. Biographie. Pattloch Verlag, Augsburg 1997.

Bücher des Autors zum Thema

Böckl, Manfred: Propheten, Seher und Auguren. Goldmann Verlag, München 1998.

Böckl, Manfred: Der Mühlhiasl. Seine Prophezeiungen. Sein Wissen um Erdstrahlen, Kraftplätze und Heilige Orte. Buch & Kunstverlag, Amberg 1998.

Böckl, Manfred: Die Botschaft der Druiden. Reihe Atlantis. Gustav Lübbe Verlag, Bergisch Gladbach 1999.

Böckl, Manfred: Prophezeiungen für das neue Jahrtausend: Alois Irlmaier. SüdOst Verlag, Waldkirchen 1998.

Böckl, Manfred: Prophezeiungen für das neue Jahrtausend: Malachias. SüdOst Verlag, Waldkirchen 1998.

Böckl, Manfred: Prophezeiungen für das neue Jahrtausend: Johannes von Jerusalem. SüdOst Verlag, Waldkirchen 1998.

Böckl, Manfred: Prophezeiungen für das neue Jahrtausend: Sibylle von Prag. SüdOst Verlag, Waldkirchen 1998.

Böckl, Manfred: Prophezeiungen für das neue Jahrtausend: Mönch von Wismar und Eismeerfischer Johansson, SüdOst Verlag. Waldkirchen 1999.

Böckl, Manfred: Prophezeiungen für das neue Jahrtausend: Blinder Hirte von Prag und Bauer aus dem Waldviertel. SüdOst Verlag, Waldkirchen 1999.

Böckl, Manfred: Prophezeiungen für das neue Jahrtausend: Merlin. SüdOst Verlag, Waldkirchen 1999.

Blick in die Zukunft

Prophezeiungen für das neue Jahrtausend

Die magische Zahl 2000 nähert sich im Eiltempo. Was wird im neuen Jahrtausend auf uns zukommen?

Schon immer gab es Propheten, die den Blick in die Zukunft wagten, doch meist wird deren Seriosität in Frage gestellt.

Der bekannte Autor Manfred Böckl hat sich auf die Suche nach „ernstzunehmenden" Propheten gemacht. Diese stellt er ausführlich vor, dokumentiert bereits eingetroffene Voraussagen und kommentiert die Schauungen für das neue Jahrtausend.

Jeder Band hat 96 Seiten, enthält zahlreiche Abbildungen und ist mit einem Schutzumschlag ausgestattet.

Bereits erschienen sind die Prophezeiungen von Sibylle von Prag, Johannes von Jerusalem, Alois Irlmaier, Malachias, Hildegard von Bingen, Merlin sowie die beiden Doppelbände Blinder Hirte von Prag/Waldviertler Bauer und Mönch von Wismar/Eismeerfischer Johansson.

SüdOst Verlag

ISBN 3-89682-041-9

Der irische Bischof *Malachias* aus dem 12. Jahrhundert wurde berühmt durch seine Papstprophezeiungen. Er gab eine Reihe von 112 Orakelsprüchen ab, von denen sich jeder auf einen Papst seit der Zeit unmittelbar nach Malachias bezieht und mit den tatsächlichen Pontifikaten verblüffend übereinstimmt.

ISBN 3-89682-040-0

Johannes von Jerusalem war einer der neun Gründer des geheimnisvollen Templerordens im 12. Jahrhundert. Seine Weissagungen waren jahrhundertelang verschollen und wurden erst zu Beginn der 90er Jahre in Rußland wiederentdeckt. Es handelt sich hierbei um 40 höchst beeindruckende Texte, die sich auf den Beginn und das Ende des dritten Jahrtausends beziehen.

Blick in die Zukunft

Prophezeiungen für das neue Jahrtausend

Alois Irlmaier lebte von 1894 bis 1959 in Freilassing. Aufgrund eines Nahtoderlebnisses im Ersten Weltkrieg wurde er zum Hellseher. Für das dritte Jahrtausend prophezeite er eine große Umweltkatastrophe und eine damit verbundene Klimaveränderung in Mitteleuropa. Irlmaier löste durch seine seherischen Fähigkeiten auch eine ganze Reihe spektakulärer Kriminalfälle.

ISBN 3-89682-043-5

Sibylle von Prag, eine verarmte böhmische Grafentochter, gab im Jahre 1616 ihre große Zukunftsschau in Druck. Die darin enthaltenen Prophezeiungen reichen bis weit in das 3. Jahrtausend. Es geht um einen Dritten Weltkrieg mit beklemmenden Schilderungen, aber auch um einen großen friedlichen Aufschwung der Menschheit nach diesen Fehlentwicklungen.

ISBN 3-89682-042-7

ISBN 3-89682-045-1

„In jenen Tagen werden auf den Waldlichtungen die Eichen aufflammen, und die Eicheln werden auf den Lindenästen sprießen."

Diese Weissagung wurde vor eineinhalb Jahrtausenden abgegeben. In jener Epoche lebte in Britannien ein Druide, der unter dem Namen Merlin unsterblich wurde. Dieser keltische Visionär prophezeite nicht nur Ereignisse, die Jahrhunderte nach seinem Tod tatsächlich eintrafen, sondern er sah auch erschütternde Entwicklungen im 3. Jahrtausend voraus: Mutationen bei Pflanzen und Tieren, fortschreitende Umweltzerstörungen und sogar ein Kippen der Erdachse. Doch am Ende steht eine wunderbare Verheißung Die Menschheit werde ein „leuchtendes Bewußtsein" entwickeln ...

ISBN 3-89682-047-8

„Ein neuer Krieg wird ausbrechen, dieser wird der kürzeste sein [...] Die Rache kommt übers große Wasser."
„Ein Konflikt auf dem Balkan und die Zerstörung New Yorks, das ist der Anfang der kriegerischen Auseinandersetzungen."

Zwischen diesen beiden Prophezeiungen für das 3. Jahrtausend liegen gut 600 Jahre. Die erste stammt von einem blinden Hirten, der Mitte des 14. Jh. an den Hof karls IV: kam und den Kaiser durch eine große Prophezeiung schockierte, die größtenteils bereits eingetroffen ist.
Die zweite Prophezeiung wurde in unseren Tagen abgegeben: Ein Bauer aus dem österreichischen Waldviertel, dessen Identität bisher niemand lüften konnte, schildert außerordentlich präzise Szenen aus den ersten Jahrzehnten des 21. Jahrhunderts.

ISBN 3-89682-044-3

„Es wird ein großes Ringen stattfinden von Ost und West, und es wird viele Menschen vernichten. [...] Das Land im Westen wird ein Land der Zerstörung sein."
„Neue Waffen richten in den USA fürchterliche Verheerungen an. Zudem kommt es dort zu Orkanen und Brandkatastrophen."

Der erste Teil dieser furchteinflößenden Vision für das 3. Jahrtausend stammt aus dem Jahr 1709 und geht auf einen geheimnisvollen Kleriker zurück, der unter dem Namen „Mönch von Wismar" Eingang in die Prophezeiungsliteratur gefunden hat.
Der zweite Teil ist der Großen Vision des Eismeerfischers Anton Johansson entnommen, die die 200 Jahre zuvor geäußerten Prophezeiungen des Mönchs bestätigt.

Romane von Manfred Böckl

Der Hexenstein - ein Roman aus dunkler Zeit

Ein atemberaubend spannender Roman aus der Zeit der letzten Hexenverbrennung in Süddeutschland, der auf historischen Quellen beruht.
232 Seiten, Hardcover,
ISBN 3-89682-002-8

Der blinde Hirte von Prag

Aufstieg und Fall des böhmisch-bayerischen Hellsehers am Hofe Karls IV. zu Prag, meisterlich nacherzählt aus historischen Quellen.
268 Seiten, Hardcover,
ISBN 3-89682-948-3

Mühlhiasl - der Seher vom Rabenstein

Das Leben des vielleicht größten Sehers, den Deutschland je hervorbrachte, nacherzählt in einer erregenden, historischen Abenteuerreise.
268 Seiten, Hardcover,
ISBN 3-89682-988-2

SüdOst Verlag

Ratzinger Weg 11 · 94065 Waldkirchen